LIBERTÉ

DE

LA PRESSE.

EXTRAIT DE *VARIA*.

NANCY,

VAGNER, IMPRIMEUR-LIBRAIRE-ÉDITEUR,
Rue du Manége, 5.

1864

NANCY. — IMP. DE VAGNER, RUE DU MANÉGE, 3.

LIBERTÉ DE LA PRESSE.

Dites hardiment que, depuis le commencement de ce siècle, nous avons eu en France sous tous les régimes, les deux Empires exceptés, une certaine licence de la presse, et tout le monde sera de votre avis.

Par contre, avisez-vous d'émettre, fût-ce avec réserves, l'opinion qu'aucun des gouvernements, même les plus tempérés, qui se sont succédés dans ce laps de temps, ne nous a donné la pleine liberté de la presse, et personne ne vous soutiendra. Loin de faire école, vous ferez scandale; et, si grand que soit le nombre des incrédules, celui des mécontents le dépassera.

Cependant, vous n'aurez, dans l'un comme dans l'autre cas, dit que l'exacte vérité, et, bien qu'elles paraissent contradictoires aux esprits superficiels, vos deux assertions seront également fondées. Notre intention n'est pas plus de nier que d'établir qu'entre la chûte du premier Empire et la naissance du second, la presse ait chez nous commis des excès : c'est un fait généralement admis. Notre but est seulement de faire voir en quoi la liberté de la presse consiste, et de mettre par là chacun en mesure de décider ce qu'il a manqué à la presse française pour être libre, même dans nos trente-six années de sérieux régime représentatif, et, à plus forte raison, depuis. Eh quoi! nous dira-t-on, une liberté qui, vous en convenez vous-même, a pu, dans des circonstances diverses, produire la licence, une telle liberté ne vous suffit pas! Etes-vous en démence? Et que voulez-vous donc de plus?

Restons calmes. Nous voudrions d'abord qu'au lieu de continuer à se méprendre sur le sens des mots et sur l'essence des choses, on rendît aux choses leur caractère et aux mots leur valeur; que, par égard pour la raison, sinon par respect pour le dictionnaire, les Français en vinssent enfin à comprendre que la licence n'est pas du tout, comme beaucoup d'entre eux se l'imaginent, un produit, un corollaire, une sorte de prolongement de la liberté. C'est une idée fort répandue, mais une idée dénuée de fondement, que, par

une pente toute naturelle, celle-ci conduit à celle-là.
Rien n'est plus faux. Loin de se toucher, comme on
le croit, la liberté et la licence sont aux antipodes l'une
de l'autre : elles ne s'engendrent pas, elles s'entredé-
truisent partout où elles se rencontrent. C'est le despo-
tisme et l'anarchie qui ont entre eux des points de con-
tact et se reproduisent perpétuellement par une filiation
à la fois naturelle et légitime. Sauf exceptions, il est de
règle que, lorsqu'un désordre surgit, c'est qu'il y avait
là, de date ancienne ou récente, un droit violé ou mé-
connu. La liberté n'étant autre chose que la faculté
laissée à chacun d'exercer son droit, il en résulte que
si la liberté était sérieusement garantie partout, l'in-
surrection ne serait durable nulle part : on verrait encore, çà et là, des révoltes partielles et éphémères ; on
ne verrait plus de révolutions en permanence. Qu'il y
ait, dans la vie des peuples comme dans celle des in-
dividus, des jours de crise pendant lesquels la prudence exige qu'on se mette au régime, c'est ce que
nous ne songeons point à nier : la diète n'est, pour
cela, l'état normal ni des uns ni des autres. Auxiliaire
de la vérité, dont elle seule peut rendre la possession
vraiment sérieuse et méritoire, la liberté est le pain
qui fait les nations vigoureuses. Elle est en outre
politiquement, sous un gouvernement bien assis,
le meilleur appui de l'autorité : pour aider celle-ci

à maintenir les peuples, elle est plus forte que la force elle-même, et cela par la raison toute simple que la liberté est un principe, tandis que la force n'est qu'un expédient. Tant qu'on n'en sera pas venu à comprendre ces vérités essentielles et à agir en conséquence, il n'y aura rien de fait pour la solution du problème posé en 1789, problème ardu et cependant soluble, qui, après nous avoir abreuvés de déceptions et d'amertume, tient encore le présent en échec et l'avenir en suspens.

Nous n'avons pas, cela va sans dire, à rappeler ici ce que l'Ancien Régime a fait pour la presse : il n'eut jamais la prétention de l'affranchir. A défaut même d'institutions politiques contraires alors à la liberté d'écrire, la crainte seule des attaques contre la religion de l'Etat eût suffi pour empêcher d'émanciper civilement la pensée en ces temps d'étroite union des deux pouvoirs, union qui a cependant abouti aux Encyclopédistes et produit Voltaire. C'est à peine d'être « pendu et étranglé » que, par ordonnance du seizième siècle, il est fait défense à tout sujet de rien publier sans la permission du Roi.

La liberté de « parler, écrire, imprimer, » sauf à répondre de l'abus qu'on en peut faire, et cela « dans les cas déterminés par la loi, » se trouve inscrite, pour la première fois, dans la déclaration des Droits de 1789 (1). La Constitution de 1791 confirme cette liberté, et déclare que les écrits ne pourront « être soumis à aucune censure ni inspection avant leur publication. » La Convention nationale maintient le principe ; elle l'étend même en ce sens que, suivant elle, la libre manifestation de la pensée ne peut jamais « être interdite, suspendue ni limitée. » Il faut ajouter qu'en matière de presse, comme en bien d'autres, la Convention s'attribue un droit de répression excessif : si elle n'étrangle plus, elle guillotine, et punit de mort « quiconque sera convaincu d'avoir composé ou imprimé des ouvrages ou écrits provoquant le rétablissement de la royauté. » En 1795, la Constitution dite de l'an III proclame encore que « les écrits ne peuvent être soumis à aucune censure avant leur publication. » Mais déjà la Constitution consulaire de l'an VIII (10 novembre 1799) ne fait plus mention de la liberté de la presse, que rétablit, mais en apparence seulement, la Constitution impériale de l'an XII (18 mai 1804),

(1) Comme il s'est trouvé, de nos jours, des écrivains pour soutenir que la liberté de la presse ne peut qu'être condamnée par l'Eglise, il n'est pas hors de propos de rappeler ici que cette liberté se trouvait consignée dans la plupart des cahiers du clergé, de même que dans ceux des deux autres ordres. S'il est vrai de dire que, dans quelques-unes de ses assemblées électorales, le clergé s'était prononcé pour le maintien de la censure, dans le plus grand nombre, il avait demandé que la presse fût rendue libre, et qu'on se contentât d'en réprimer les abus.

laquelle institue, pour veiller à ce que cette liberté soit maintenue, une commission de sept membres, prise dans le sein du Sénat et nommée par lui. Cette commission n'a jamais fonctionné, et tout le monde sait ce qu'est devenue, sous le premier Empire, la liberté de la presse, formellement abolie d'ailleurs par le décret du 5 février 1810. Bien que la Charte de 1814 reconnaisse aux Français « le droit de publier et de faire imprimer leurs opinions en se conformant aux lois, » la loi du 21 octobre de la même année maintient provisoirement la censure. C'est seulement en 1817 que celle-ci est partiellement abolie, et, en 1819, que les journaux sont admis à jouir d'un sérieux régime de liberté. C'est le beau temps, mais il ne dure pas. Détestables, même quand ils avortent, les attentats à la vie des princes ont trop souvent pour conséquence immédiate de faire voter d'entrain certaines lois où la sûreté croit trouver son compte, où la liberté ne trouve jamais le sien. L'assassinat du duc de Berry remet, dès 1820, les journalistes en tutèle; la loi de 1821 les y maintient, et, depuis lors jusqu'aux fatales ordonnances de juillet, la presse vit chez nous d'alternatives, qui aboutissent à une révolution. La Charte de 1830 en sort : elle porte que « la censure ne pourra jamais être rétablie, » et il est de fait qu'elle ne le fut jamais officiellement depuis lors. Mais si les gouvernements de 1830 et de 1848 sont, de ce siècle, ceux sous lesquels la presse a le plus longtemps joui de la plus grande somme de liberté, les lois dites de septembre, (1835) sous le premier de ces deux gouvernements ; sous le second la loi de 1850, à laquelle appartient l'honneur d'avoir, entre autres mesures restrictives, inventé l'obligation de la signature pour les articles de journaux ; sous tous deux le maintien de la législation relative à la profession d'imprimeur, prouvent que, même de 1830 à 1852, la liberté ne fut pas toujours suffisamment comprise et pratiquée.

Dans cette revue historique, nous n'avons eu à parler que des morts. Pourvu qu'on nous accorde que, contrairement à une prétention nouvelle, qui, au reste, ne semble pas avoir pris racine dans l'opinion, nous ne devons toujours à ceux-ci que la vérité, ce n'est pas nous qui contesterons qu'on doit des égards aux vivants. L'Empire est vivant, et, avec lui, le décret organique du 17 février 1852. Nous en dirons peu de chose, quoique nous ayons, pour parler de lui, certaines facilités, dont la première est que nous n'avons pas la présomption de l'attaquer : nous avons simplement le dessein d'exposer des principes et de mettre par là chacun à même de décider en quoi notre législation actuelle sur la presse devra être modifiée le jour où il s'agira sérieusement de l'harmoniser avec le pro-

1*

gramme libéral des Constituants du dernier siècle. Il
est d'ailleurs avéré pour tout le monde, et c'est même
là un des motifs qui ont fait sa puissance, que l'auteur
du décret de 1852 n'a pas songé à inaugurer son règne par la liberté. On nous a, un jour, promis celle-
ci comme couronnement, jamais comme base. De
là vient sans doute que, depuis l'abolition nominale
de la censure, il n'est point de gouvernement qui ait,
plus que le nôtre, fait aux écrivains petit rôle et petite
mesure. Si la fantaisie nous en venait, nous pourrions
là-dessus parler encore assez à notre aise, nous autres
qui ne faisons que des livres, car la loi qu'on applique
aux livres est toujours celle de 1814. Mais, à nos frères
les journalistes, la tâche serait moins facile. Tout ce
qu'on leur permet de constater, et encore pas toujours,
c'est qu'ils n'aiment point le régime que le décret de
1852 leur a fait.

La nécessité de l'autorisation préalable (art. 1ᵉʳ)
donne au Gouvernement toutes facilités pour, aussi
souvent qu'il lui plaira, empêcher un journal de naître.
Et alors même qu'un journal est né, pour peu qu'il se
montre incommode, le même article permet d'en finir
sans bruit avec lui, à la première vacance survenant
dans le personnel de ses « gérants, rédacteurs en chef,
propriétaires ou administrateurs, » toutes classes de
gens qui, pas plus que les autres, ne sont malheureu-

sement à l'abri d'un changement de vocation ou d'i-
dées, de la maladie ou de la mort. La police correctionnelle (art. 25) remplace le jury et est seule appelée
désormais à juger les procès de la presse. Enfin, pour
ne citer que le principal, l'article 32, qui est à la fois
le plus nouveau et le plus terrible, consacre le triple
droit d'avertissement, de suspension et de suppression,
droit dont nous n'avons rien à dire, tant il est connu
de tout le monde par ses résultats (1). Rappelons seulement qu'aux termes de cet article, c'est le Président
de la République (actuellement l'Empereur) qui sup-
prime; c'est le ministre de l'intérieur qui suspend.
Quant aux avertissements, sur le mode desquels la loi
est muette, il est de jurisprudence administrative que
ce sont les préfets qui les donnent. Qu'ils le fassent de
leur chef, ou seulement après avoir consulté le ministre, peu importe : le point capital c'est que, comme
on sait, le troisième avertissement peut devenir mor-
tel. Il est également superflu d'examiner si, dans ses

(1) Il y aurait, rien que là dessus, tout un volume à faire, si ce
volume n'était fait depuis longtemps. Dès 1860, un écrivain de mérite, qui ne se contente pas de parler en faveur de la liberté, qui sait
en outre payer de sa personne lorsqu'il s'agit de travailler pour elle,
M. Léon Vingtain, nous a tracé l'histoire de ces avertissements,
que, de son côté, M. Germain tenait à jour, et dont il nous a donné
le relevé, dans son *Martyrologe de la presse*. On pourra bientôt
s'occuper du supplément.

rapports avec la presse, l'administration, alternative-
ment rigide et douce, se tient moins habituellement
dans la voie de la douceur que dans celle de la rigidité.
L'administration se montrât-elle uniformément clé-
mente, au lieu de l'être seulement par intermittence,
on ne pourrait encore prétendre que le régime de la
liberté est établi. Jamais, en effet, la clémence des
forts, si étendue qu'on la suppose, ne tiendra lieu
d'une loi protectrice du droit des faibles : c'est à mettre partout et toujours ce droit hors d'atteinte, que
les libéraux doivent travailler.

Nous avons dit que, même sous nos gouvernements
les plus détendus, la liberté de la presse n'a pas été
chez nous complète. On aurait tort de conclure de là
que nous poussons nos prétentions jusqu'à espérer
que, le jour où on le modifiera, le décret de 1852 puisse
être immédiatement remplacé par une législation plus
libérale que celle des divers régimes auxquels l'Empire
a succédé. Rien de pareil ne nous vient à l'esprit. Et,
pour dire tout de suite les choses comme elles sont,
si nous appelons de tous nos vœux une réforme considérable et complète, nous ne demandons point pour
cela que la loi consacre jamais, en faveur des écrivains, des franchises supérieures ou même égales à
celles que s'arrogèrent, de leur vivant, le nouveau
Père Duchesne, ou l'aimable *Journal de la Canaille*.

Nous faisons de la doctrine : or, notre doctrine n'est pas celle de la liberté illimitée. Si vives que soient nos ardeurs libérales, nous n'allons point jusqu'à éprouver l'envie de plaider la thèse, reprise de nos jours, de l'impunité absolue des écrivains ; jusqu'à vouloir revendiquer ce droit de tout dire, qui, une fois admis, nous exposerait au droit de tout faire. La liberté illimitée n'est pas plus dans nos prétentions que la liberté mutilée n'est dans nos goûts : ou plutôt chaque fois qu'on se sert de l'une ou de l'autre de ces deux locutions, on dit un non sens, on parle d'une chose contre nature et qui n'existe pas. Priver la liberté d'un de ses organes essentiels, et lui dire de fonctionner, c'est dérisoire ; il ne l'est pas moins de vouloir, sous prétexte de la compléter, la gratifier d'un membre ou d'un sens qui ne sont pas les siens. Aux yeux de ceux qui la connaissent bien, la liberté apparaît, de prime vue, avec des contours aussi définis que ceux d'un être corporel, d'un être vivant et agissant. Ceux-là savent qu'elle ne peut subsister qu'à la condition d'être elle-même, c'est-à-dire pourvue de tout ce qui constitue son organisme, rien de plus, rien de moins. Or, s'il est vrai de dire, comme cela se répète souvent, que la liberté de chacun de nous a pour limite le droit du voisin, ce droit n'est pas seulement la limite, il est l'essence même de la liberté prise dans son acception philosophique et générale. La liberté, ainsi entendue, c'est le droit de chaque homme, c'est votre domaine autant que le mien : d'où il résulte qu'il n'y a point de liberté illimitée. Cette liberté là n'est pas seulement un rêve : si elle pouvait voir le jour, elle serait l'immolation du droit des faibles à la puissance sans bornes du plus fort, c'est-à-dire tout ce qu'il y a de plus illibéral au monde.

D'un autre côté, nous n'avons pas foi dans cette liberté qu'on appelle réglée, et qui n'est la plupart du temps qu'une liberté escamotée. C'est donc à la recherche de la liberté toute simple, sans épithète, sans exagération comme sans réticence, que doivent se mettre les vrais libéraux. Qu'elle paraisse et cela suffit : à son seul nom la reconnaissent et s'inclinent ceux qui, comme nous, n'aspirent à d'autre rôle qu'à celui d'être ses serviteurs. Jaloux surtout de la posséder, nous ne prétendons pas cependant nous dispenser du soin de la définir, de rechercher en quoi elle consiste et à l'aide de quels moyens nous pourrions, non pas seulement l'acquérir, mais, chose plus difficile, la garder.

Le premier devoir, en ceci comme en tout, serait d'y mettre une entière bonne foi, et c'est ce qui manque. Cela manque habituellement des deux côtés, de la part des gouvernés comme de celle des gouvernants.

Presque tous les peuples aujourd'hui demandent la liberté. Suffrage universel à part, quels sont, au fond, ceux qui la comprennent bien et qui l'aiment dans ce qu'elle a de noble et de grand ; ceux dont la liberté soit le vrai but, au lieu d'être simplement un mot dans la bouche des intrigants, un drapeau dans la main des factieux ? De leur côté, presque tous les gouvernements en sont venus, de nos jours, à louer la liberté : tous, ou presque tous, la promettent. Quels sont, à de très-rares exceptions près, ceux qui la donnent ? Tant qu'il est simplement question de discourir sur la liberté, on en revient chez nous à tomber d'accord plus aisément qu'à la veille et surtout qu'au lendemain du 2 décembre. Mais s'agit-il de sortir du vague de la théorie et de passer à la pratique, c'est ici que la lutte commence. Cette lutte, qui est de tous les temps, n'a pas toujours même caractère. Quelquefois elle est franche, ouverte, accusée : c'est la situation violente, exceptionnelle, qui suit les coups d'état et qui ne dure pas ; c'est le règne de la dictature où tout le monde se tait, et sous lequel, refoulée qu'elle est par la force, la voix cesse de réclamer alors même que le cœur n'acclame pas. Plus fréquent est cet autre état de choses où, si contenu qu'ait pu être l'usage du pouvoir exceptionnel dont l'assentiment du grand nombre l'a armé dans des jours de crise, le gouvernement se retrouve

en face d'une nation qui aspire à redevenir maîtresse
d'elle-même; qui, sortie de crise ou de peur, reprend
ses sens et redemande ses droits. Dans cette situation,
il arrive souvent, et c'est un tort, que le Pouvoir promet plus qu'il ne tient. Tandis qu'il pourrait retarder
encore la promesse et les espérances, il croit, en là-
chant celle-là, en encourageant celles-ci, faire mieux
attendre la réalisation; au lieu de dire franchement à
tous que, dans son opinion, l'heure de la liberté n'a
point encore sonné, il dit que la liberté règne, et, pour
qu'on y croie, tantôt il peint la liberté sous des cou-
leurs qui ne sont pas les siennes, tantôt il s'efforce de
donner les traits de la liberté à celles de ses entreprises
et de ses lois qui n'ont avec elle nulle ressemblance et
nul rapport. Ni l'un ni l'autre de ces expédients ne
vaut : en matière de presse notamment, ils n'ont
jamais réussi à personne.

Pourvu cependant que, de part et d'autre, on veuille
y apporter cette sincérité que nous réclamons comme
la condition première des bons rapports entre le gouvernement et la nation, rien n'est simple à faire comme
une loi sur la presse. Il y a des gens qui parlent sans
cesse d'organiser la liberté et qui se perdent à chercher les moyens de le faire. Ils oublient que la liberté
ne s'organise pas; elle se proclame, et cela suffit. Ainsi,
pour ce qui regarde la presse, une loi vraiment libé-

rale ne doit se composer que d'un article unique, ainsi conçu : « Tout Français a le droit de publier ses opinions, sauf à en répondre ; » ou, si l'on aime mieux : « la presse est libre ; les délits de la presse ne sont autres que les délits de droit commun, prévus et punis par la loi. »

Voilà, d'un trait de plume, toute mesure préventive écartée ; voilà le règne de la liberté établi. Ce qui n'empêche pas que, la presse pouvant devenir un instrument de délits, il y a, quoiqu'en prétendent ceux qui s'intitulent fièrement les défenseurs de la liberté illimitée, des mesures à prendre pour organiser la répression. Il y a à faire une loi spéciale, dont le titre premier exigera certaines garanties nécessaires pour assurer la punition des actes délictueux ; dont le second fixera la peine afférente à chaque délit ; dont le troisième établira la juridiction. Ceci demande à être développé.

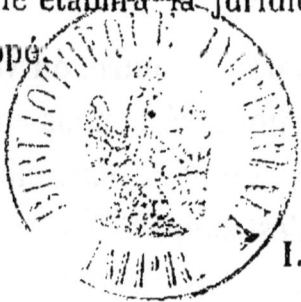

I.

La liberté de la presse, dit Blackstone, consiste à ne pas mettre de restriction antérieure aux publications, et non à les exempter de poursuites criminelles quand la publication a eu lieu. C'est la même idée que fit prévaloir Mirabeau, lorsque l'assemblée constituante se perdant dans une discussion sans issue sur les « restrictions » à apporter à la liberté de la presse, la parole nette et précise du grand orateur la ramena aux vrais principes : la liberté de la presse, dit-il, « ne doit pas être *restreinte ;* les délits commis par la voie de la presse doivent être *réprimés.* »

Ni les révolutions qui s'opèrent, ni les constitutions qui passent, ne changent rien à cette doctrine. Elle a son principe et sa base, elle trouve sa force et sa durée dans la nature même des choses, contre laquelle ne peuvent ni les sophismes, ni le temps. Elle donne pleine satisfaction aux esprits qui tiennent à la liberté de la presse comme à un bienfait, en même temps qu'elle offre des garanties suffisantes à ceux qui redoutent la licence de la presse comme un fléau. Point de mesures préventives, d'aucune sorte : voilà la première, sinon la seule condition pour que la presse soit vraiment libre ; mesures répressives efficaces, sévères s'il le faut, mais non arbitraires, toujours proportionnées aux circonstances et à la gravité des délits : voilà le vrai moyen d'obtenir que, tout en restant libre, la presse ne devienne point licencieuse. C'est si simple qu'on s'étonne que cela ne soit point

universellement admis, et qu'il faille, trop souvent en
pure perte, passer son temps à expliquer encore aux
petits-fils de nos pères ce que, de prime abord, leurs
ayeux avaient proclamé. Entre le système de la prévention qui, de quelque nom qu'il se couvre, méritera toujours de s'appeler la censure et le système de la répression, qui, en punissant les coupables, n'atteint pas
la liberté, mais au contraire la garantit, il y a un choix
à faire. Le nôtre est fait. De ce que nos préférences
sont acquises à cette seconde combinaison, il ne résulte point que nous contestions à ceux qui se sou-
cient de la première, la faculté de se déclarer pour elle :
c'est un droit que, dans notre libéralisme, nous allons
jusqu'à leur laisser ! Seulement, qu'ils cessent de se
dire libéraux. Ce que nous ne pouvons comprendre,
c'est l'entêtement que l'on met à vouloir combiner deux
éléments réfractaires l'un à l'autre ; c'est l'aveuglement
avec lequel on poursuit une espèce de mariage de raison entre la liberté et la censure. Censure patente ou
déguisée peu importe ; si cette alliance pouvait se
conclure, elle serait adultère. Jamais on ne nous
fera accepter comme libérale, comme conforme à ce
qu'on est convenu d'appeler les principes de 1789, une
législation où il pourra dépendre d'un gouvernement
quelconque, d'empêcher un citoyen d'écrire, à ses risques et périls, et sauf à en répondre devant la justice

de son pays en attendant qu'il en réponde devant Dieu, tout ce que bon lui semblera. Ce que nous avons dit déjà, et ce que nous dirons tout à l'heure à propos de la répression, nous dispense d'ajouter ici que nous ne demandons point, pour cela, qu'on laisse circuler librement, sous prétexte qu'elles sont impuissantes, toutes les idées folles ou criminelles qui viendraient à s'étaler en public au sortir d'un cerveau malade. Que, sous la responsabilité de leur auteur, ces idées puissent voir le jour, il le faut si l'on veut que la liberté existe. Qu'elles soient punies si elles sont coupables, et cela suffit pour que, la morale et la loi obtenant réparation sur l'heure, la société ne courre point de risques.

Nous parlons de risques graves ; quant à de légers dommages, elle y restera exposée, c'est certain : nous n'essaierons pas de le nier. Mais c'est le destin inévitable de quiconque affronte la liberté, destin dont l'absolutisme, si complet d'ailleurs qu'on le suppose, n'a jamais préservé les gens. Ce n'est pas d'hier qu'à la vue des inconvénients de la parole libre mis en regard des abaissements qui suivent toujours la parole opprimée, l'homme a cherché entre l'asservissement absolu et l'indépendance complète des actes de son intelligence, des manifestations de sa pensée, une position intermédiaire, dont Tocqueville lui-même, ce grand libéral, déclare qu'il se contenterait, si ce moyen terme pouvait exister. Mais, puisqu'il renonce à le découvrir, faisons comme lui, et acceptons résolûment les petits maux que la liberté traîne parfois à sa suite, en vue de nous assurer les grands biens qu'elle procure toujours. A ceux qui ne veulent pas que la presse soit libre parce qu'il en peut résulter des abus, répondons qu'il y avait un moyen simple et facile, le seul bon, de supprimer dans le monde tous les abus : c'était de refuser à l'homme la liberté. Dieu n'a pas pris ce moyen-là. Hommes nous-mêmes, c'est-à-dire êtres faibles et faillibles, oserons-nous essayer d'être plus sages et plus puissants que lui ?

Ainsi donc, il faut trouver bon que l'Etat suspecte, avant même qu'elle se soit produite, la pensée de chacun de nous et qu'il en empêche l'expression, c'est-à-dire qu'il faut glorifier le régime de la censure ; ou bien il faut laisser à chacun le droit de parler et d'écrire, sauf à ce qu'il paie l'amende ou aille en prison, si, en parlant ou en écrivant, il a commis quelque délit.

Mais quels seront les délits de la presse ? Voici la première difficulté devant laquelle reculent à tort plusieurs de ceux qui passeraient volontiers du système de la prévention à celui de la répression, s'ils avaient la double assurance : 1° qu'à l'aide d'une bonne définition, tout délit de presse sera prévu ; 2° qu'à l'aide d'une bonne juridiction, tout délit de presse sera puni. Essayons de leur donner satisfaction sur ces deux points.

C'est une vérité devenue banale, tant elle a été redite souvent dans les livres, dans les journaux, à la tribune et partout, que, si affranchie qu'on la suppose, la presse ne saurait, sous un gouvernement libre, constituer par elle-même un corps de délit. Dès lors, il n'y a point, à proprement parler, de délits spéciaux à la presse : il doit seulement y avoir, pour la presse, solidarité dans le châtiment infligé par le code pénal aux divers délits qu'elle aura conseillés, encouragés, aidés à se produire. Tuer, voler, conspirer, attenter aux mœurs ou aux lois, sont choses déclarées coupables et punissables chez toute nation civilisée : prêcher par écrits le meurtre, le vol, la révolte, l'immoralité ou la désobéissance aux lois, tels sont les délits naturels de la presse. L'outrage et la diffamation y seront compris, puisque ce sont là aussi des délits prévus par le code, et qui, si la presse en est l'instrument le plus habituel et le plus redoutable, ne lui appartiennent pas non plus en propre, car on peut outrager et diffamer en parlant comme en écrivant. On s'égare dans une erreur préjudiciable non moins que dans une prétention chimérique toutes les fois qu'on cherche à créer une classe de délits particuliers à la presse, et cela parce qu'en le faisant, on s'attaque à la logique elle-même. Partout où la presse est déclarée libre, les délits de la presse ne sauraient être autres que les délits de droit commun, prêchés par un livre ou par un journal. Voilà ce qu'il importe de bien comprendre. Tel acte déclaré coupable par la loi, peut, par une autre loi, cesser de l'être ; et de même, tel acte qui aujourd'hui n'est pas délictueux, peut, si la loi change, le devenir demain. Soit que la loi crée ou abolisse un délit, il n'y aura point pour cela à modifier perpétuellement la loi de la presse : celle-ci devra rester la même au fond. Il y aura seulement, si un délit est aboli, à laisser tomber, pour les écrivains comme pour tout le monde, la disposition pénale ; de même que si un délit nouveau est créé, il n'y aura, en ce qui concerne la presse, rien d'autre à faire que de fixer le châtiment réservé à l'écrivain qui aura eu l'imprudence ou le tort d'exciter à le commettre. Rendons ceci encore plus clair par des exemples.

Qu'un homme prête aujourd'hui, en France, à un taux supérieur à 5 pour 100, ou bien que des ouvriers s'entendent pour faire hausser leurs salaires, il y aura, dans le premier cas, délit d'usure, dans le second, délit de coalition. Ces deux délits sont actuellement prévus et punis par la loi française. Dès lors, il est naturel, il est logique, que l'écrivain qui aura publiquement excité soit le prêteur soit l'ouvrier à se mettre au-dessus de la loi, encoure lui-même une punition. Mais que la loi sur l'usure ou sur les coalitions soit rapportée, comme il est permis d'espérer qu'elles le seront toutes deux un jour, le délit de presse tombe et disparaît avec le délit spécial, et, sur chacun de ces deux chapitres, l'écrivain redevient libre de sa plume en même temps que l'ouvrier le redevient de ses bras et le prêteur de son argent.

Prenons l'exemple inverse : celui d'un délit nouveau créé par la loi, et supposons que, par un fâcheux retour au régime des religions d'Etat, une religion soit demain déclarée en France la seule bonne, la seule vraie, la seule admise. Dans cette hypothèse, il sera regrettable, il pourra même être odieux, mais il sera légal, c'est-à-dire conforme à la loi, qu'on frappe de peines correctionnelles l'écrivain qui, contestant la vérité de la religion du prince, aura exhorté les citoyens à rompre avec le culte établi. C'est ce qui arrive malheureusement encore soit dans l'Espagne catholique, soit dans la Russie schismatique, où ceux qui, comme nous, désirent que la liberté fasse partout son chemin, doivent demander, non pas qu'on change la loi sur la presse, ce qui serait à la fois insuffisant et anormal, mais qu'on change la constitution.

Il n'est pas, on le voit, aussi difficile qu'on se le persuade, de déterminer quels seront les délits de la presse, et même rien n'est si simple à faire, car c'est fait partout. Ces délits ne seront autres que les délits ordinaires, transportés du terrain de l'action sur celui de la prédication par écrit, et passibles, comme tels, de peines dont l'échelle elle-même est facile à dresser, puisque cette échelle ne sera, pour chaque nation, qu'une reproduction en raccourci des dispositions du code pénal en vigueur chez chacune d'elles.

Mais, pour rassurer ceux qu'effraie à tort le seul mot de liberté de la presse, il ne suffit pas que les délits soient nettement déterminés; il faut qu'ils soient sûrement punis. Si la répression est arbitraire; si elle est confiée à des juges qu'à tort ou à raison la conscience publique ne considère pas comme pleinement indépendants et désintéressés, la liberté de la presse se trouve atteinte dans une de ses garanties essentielles. Si, d'un autre côté, la répression est molle; si l'impéritie ou la faiblesse du juge acquitte lorsqu'il faudrait condamner, ou bien encore si le jugement n'est pas, pour cette classe bruyante de délits, accompagné de précautions qui empêchent la poursuite d'être plus préjudiciable que ne l'aura été la publication de l'écrit dénoncé comme coupable, dans ces divers cas, non seulement la société risque de recevoir une atteinte mais la liberté de la presse elle-même souffrira d'une impunité qui toujours donnera des armes aux plus sincères comme aux plus déloyaux de ses ennemis.

Ce n'est donc pas sans raison qu'on attache une haute importance à bien choisir le juge qui sera appelé à connaître des délits de presse. La plupart des législations, même libérales, admettent la compétence des tribunaux ordinaires toutes les fois qu'il s'agit simplement d'une poursuite en réparation de dommage causé par un écrit diffamatoire ou injurieux à la réputation d'un simple particulier. Dans ce cas spécial, aucune considération politique ne pouvant influencer l'esprit du juge, il n'y a point de raison grave pour décliner la juridiction du tribunal correctionnel. Mais si l'article incriminé a trait à un fonctionnaire public pour faits relatifs à ses fonctions, ou bien s'il s'agit d'une attaque aux lois ou au gouvernement, c'est ici qu'il y a importance à dégager les vrais principes et à bien choisir le juge. Nous ne nous arrêterons pas à examiner si ce juge peut appartenir au corps administratif. L'Autriche elle-même n'admet plus qu'il en soit ainsi, elle qui vient, dans son nouveau code sur la presse, de substituer partout l'action de la magistrature à celle de l'administration, et à laquelle revient le récent honneur d'avoir, pour mieux garantir la liberté de l'écrivain, inventé une pénalité toute nouvelle en vertu de laquelle l'Etat paie l'amende, au cas de saisie non motivée, et opérée à la légère, d'un écrit que les tribunaux déclareraient innocent. Dans les pays où elle est libre, la presse est appelée à contrôler tout le monde; mais de tous ceux qu'elle surveille, il n'est personne à l'égard de qui elle ait besoin de garder une dose d'indépendance plus complète qu'envers l'administration. Qu'un citoyen qui a malversé échappe non seulement aux rigueurs de la loi qui ne peut tout atteindre, mais au fouet vengeur de l'opinion, c'est assurément un mal : mais ce mal devient une calamité toutes les fois que, dépositaire à un degré quelconque de la force publique, le coupable peut, pour se mettre à l'abri, compter sur l'autorité qu'il exerce. De tous les dangers sociaux, il n'en est pas de plus grand que celui de l'impunité garantie par la puissance. Nous n'admettrons donc jamais qu'il puisse être bon de confier aux premiers justiciables de la presse la surveillance de la presse. Le devoir quotidien de celle-ci étant d'exercer son contrôle sur les actes des agents du pouvoir, remettre aux agents du pouvoir le droit d'avertir, de suspendre, de supprimer un journal qui aura critiqué leur administration, c'est annuler le contrôle ; c'est placer les écrivains dans cette alternative, qui, lorsqu'elle est continue, fait le supplice des honnêtes gens, celle d'avoir perpétuellement à opter entre leur intérêt et leur devoir. Si l'intérêt conseille de se taire, alors que le devoir ordonnerait de parler, est-on sûr que tout le monde parlera? C'est fort douteux ; mais, quoiqu'il advienne, il ne sera jamais dit que la liberté de la presse existe dans un pays où il dépendra d'un agent quelconque du pouvoir exécutif, si haut placé qu'il soit dans la hiérarchie, d'en finir par un arrêté avec un journal qui le gêne. Que sera-ce si cet arrêté est indiscutable et sans appel ?

Il faut à l'écrivain d'autres garanties si l'on veut sérieusement qu'à ses risques et périls, sa plume exprime librement sa pensée. Déférer les délits de la presse à la magistrature inamovible, ne jugeant qu'après débats et avec publicité, serait certainement un progrès : mais cela même ne suffirait pas. D'abord la magistrature repousse ce fardeau dès qu'on parle de le lui imposer, et elle a raison de le faire dans l'intérêt de son autorité. Pour que celle-ci reste intacte, et nous sommes tous intéressés à ce qu'elle le soit, il faut à la magistrature une jurisprudence qui, sans être précisément immuable, ne se modifie que rarement, et autant que possible ne le fasse qu'en suite des changements introduits dans la loi elle-même. Or, en matière de presse, tout est mobile ; et, si bien déterminés que puissent être les délits d'après les principes que nous avons indiqués tout à l'heure, l'opinion publique sera toujours, en cette matière, la régulatrice suprème des arrèts. L'opinion a le droit de changer; elle peut fort bien, sans qu'il en résulte aucun dommage pour la chose publique, trouver innocent aujourd'hui, en pleine paix sociale, un écrit qu'hier elle aurait jugé coupable, dans un moment d'effervescence populaire : c'est là son droit, c'est même son devoir. Le devoir du magistrat est tout autre : il ne connait, lui, que la loi; il l'applique, et sa considération souffrirait, si, la loi restant la même et les circonstances seules ayant changé, il se trouvait exposé tour à tour à condamner et à acquitter un même écrit. Cela réagirait en mal jusques sur les causes civiles : voyant varier la justice, le plaideur pour mur mitoyen cesserait lui-même de croire son droit garanti.

Voilà donc un premier motif pour lequel l'intérèt public déconseille de confier à la magistrature la répression des délits de presse. Mais il y en a un autre qu'on peut assurément invoquer, sans mériter d'encourir pour cela le reproche de déconsidérer les magistrats. Ceux-ci ont sans doute, pour juger librement, une condition que n'ont point les agents administratifs : ils sont inamovibles. C'est quelque chose; mais ce n'est pas tout. Si l'inamovibilité du juge facilite son indépendance, il s'en faut qu'elle suffise toujours à la garantir. C'est un malheur, mais c'est un fait, et ce

fait est antérieur au régime actuel, que le magistrat,
qui ne devrait être que l'homme de la loi, passe, aux
regards de l'opinion publique, quelquefois même à ses
propres yeux, pour être chez nous l'homme du gouvernement. Il suffit qu'il émarge au budget pour qu'on
le regarde comme fonctionnaire : il a cela de commun
avec le prêtre lui-même, et sans doute le vulgaire
croit faire honneur à tous deux en les considérant
comme tels. Pour la plupart de nos concitoyens,
être juge ressemble beaucoup à être sous-préfet : il
n'y a, de l'un à l'autre, que la différence des attribu-
tions. De là, une seconde raison pour enlever à la magistrature le jugement des écrits politiques.

La magistrature et l'administration écartées, que
reste-t-il ? Il reste le jury ; et, sauf à constituer celui-ci
d'une manière spéciale comme nous le proposerons
tout à l'heure, c'est toujours à lui qu'en fin de compte,
il faudra revenir dans tout pays où l'on voudra sérieu-
ment que la presse soit libre.

Même au temps où, chez nous, elle a été le plus
près de l'être, nous avons connu des hommes qui,
grands partisans d'ailleurs de l'institution du jury,
auraient volontiers mis de côté celui-ci pour l'appré-
ciation des délits de presse. Il y a là une inconséquence
qu'à aucune époque nous n'avons pu nous expliquer.
De deux choses l'une : ou l'institution du jury est

bonne, ou elle est mauvaise. Si elle est mauvaise, à
quoi bon la garder pour ce qui concerne les assassins
et les voleurs, tout homme ayant le jugement sain, et
par conséquent tout magistrat, pouvant faire office en
pareille matière? Si elle est bonne, elle doit l'être surtout dans les cas où, la politique étant en jeu, il faut
non seulement que le prévenu trouve, mais que le
public soit assuré qu'il trouvera chez ses juges, d'une
part, cette indépendance de position qui, si elle ne
suffit pas toujours, aide du moins à assurer l'indépendance du caractère, de l'autre, cette entière liberté
d'esprit et d'action qui, non liée par un texte de loi,
a latitude pour prendre conseil des circonstances et
peut, à un certain degré, suivre les oscillations de
l'opinion publique. On ne persuadera à personne que
les passions du magistrat soient telles que, pour paraître tranquillement à l'audience, un innocent accusé
de meurtre ou de vol ait absolument besoin d'avoir des
jurés pour juges. Mais si l'on ose soutenir cette thèse,
qui après tout est un peu celle de nos lois pénales,
comment oserait-on prétendre qu'il n'y a qu'une sorte
de crimes qui doive, par sa nature, échapper au
jury; que ce sont les crimes commis par la voie de la
presse, c'est-à-dire ceux précisément dont les prévenus
ont le plus besoin, ont seuls besoin, à vrai dire, de
trouver chez le juge qui les attend, une complète indé-

pendance politique. On pourrait, à la rigueur, admettre l'inverse de ce qui se pratique, c'est-à-dire que, sans cesser d'être libre, une nation pourrait abolir chez elle le jury et le remplacer par la magistrature toutes les fois qu'il s'agit de crimes ordinaires; mais il est une classe particulière de procès pour la solution desquels, s'il n'existait pas, le jury devrait être inventé : ce sont les procès de la presse; et ce sont justement ceux-là qu'on a l'inconséquence de lui soustraire.

On y est contraint, dit-on, par la faiblesse du jury, qui, aux époques où, chez nous, les affaires de presse lui étaient déférées, accomplissait mal sa mission et acquittait dans une foule de cas où il aurait dû condamner. Nous ne croyons point qu'au temps où nous sommes, pareille faiblesse soit à craindre; et même, à parler franchement, s'il pouvait nous plaire de laisser de côté les principes pour ne voir que les circonstances, et pour ne chercher, par le temps qui court, que la plus grande commodité des écrivains, ce sont des juges et non des jurés que nous aurions demandés pour eux, vu l'état des esprits depuis douze ans. Qu'il se soit trouvé de tout temps, et qu'il ait pu en particulier se trouver dans cette période, certains magistrats prompts à rendre des services au lieu d'arrêts, c'est malheureusement un fait certain. Mais quels services bien autrement empressés et irréfléchis n'eût pas rendus, appelée à se prononcer comme jury, cette multitude qui n'entend point que l'on plaisante avec le gouvernement qu'elle s'est donné, et dont les entraînements, au lendemain du 2 décembre, semblaient surtout dirigés vers ce but de faire payer à la tribune et à la presse, sous l'Empire, leurs franchises ou, si l'on veut, leurs excès des régimes précédents. Nous ne sommes plus au temps où la presse s'intitulait fièrement le quatrième pouvoir de l'Etat, et agissait parfois comme si elle était le premier : il lui en a coûté cher d'avoir usurpé ce titre et ce rôle que ne lui donnaient point les constitutions de la monarchie, pas même celles de la république, et que vraisemblablement les jurés de l'Empire ne s'empresseraient guère de lui concéder.

Mais lorsque nous parlons de rendre au jury la connaissance des délits de la presse, nous ne songeons pas à réclamer pour celle-ci la faveur, ou plutôt nous repoussons pour elle le danger d'être mise un matin face à face avec le suffrage universel agissant comme juré et institué son juge. Ce n'est point de cela qu'il s'agit; car d'abord, et fort heureusement, tout Français qui vote ne juge pas, même dans les causes qui aujourd'hui sont de la compétence des cours d'assises. Si l'on a pu, à la rigueur, trouver qu'il est inutile

de savoir lire , pour être admis à prendre de la
main du maire ou du garde champêtre et à mettre
dans l'urne le bulletin sur lequel se trouve imprimé
d'avance le nom du député à élire, le démocratisme
légal ne va pas, et il a raison, jusqu'à exiger que tout
électeur, même ne sachant ni lire ni écrire, soit juré :
le nombre des citoyens votants est immense ; celui
des citoyens jugeants est limité. Mais, puisqu'on craint
que celui-ci ne soit encore trop considérable pour
assurer d'une manière intelligente et efficace la répression des délits de la presse, nous sommes tout disposés à admettre, nous proposerons même, et cela
dans l'intérêt des écrivains poursuivis autant que dans
celui de la société poursuivante, la création d'un jury
spécial auquel ces délits seront déférés.

Dans l'état actuel des choses, et eu égard au très-
petit nombre des procès intentés à la presse depuis
douze ans, un jury unique, assemblé tous les trois
mois à Bourges ou dans telle autre de nos villes cen-
trales, aurait grandement suffi pour toute la France ;
et encore se serait-il, la plupart du temps, réuni
pour ne rien faire. Mais admettons qu'une législation
plus libérale, comme celle que nous attendons, re-
mette les écrivains en veine d'imprudences et multiplie
les cas de poursuites, il ne serait point encore,
pour cela, nécessaire qu'il y eût un jury de la

presse siégeant dans chacun de nos 89 départements.
Sauf à rectifier tout de suite, comme il faudra bien le
faire un jour, les circonscriptions anormales de trois
ou quatre de nos cours d'appel, il serait à propos
d'assigner le chef-lieu de chacune de ces cours à la
réunion des jurés appelés à statuer sur les affaires de
presse. Ceux-ci n'auraient point, comme les jurés ordinaires, à s'assembler régulièrement tous les trois
mois : mieux vaudrait les convoquer à bref délai, et
seulement lorsqu'il y aurait poursuite dirigée par le
parquet dans le ressort. On atteindrait, de la sorte, un
double but : d'une part, on laisserait vaquer à leurs
affaires des citoyens qu'il ne faut pas exposer à se dé-
ranger inutilement ; de l'autre, en cas de poursuites,
on éviterait, par la réunion immédiate des juges, le
danger de laisser pendants des procès qui, par leur
nature, agitent toujours les esprits, et dont tout le
monde, hormis les fauteurs de troubles, doit être
d'accord à désirer la prompte solution.

Les jurés de la presse seraient, comme les autres,
tirés au sort ; mais, puisqu'on parait craindre que le
jury ordinaire ne soit point pourvu d'une dose de
lumières suffisante pour bien juger en cette matière,
nous proposons que, pour composer la liste des jurés
de la presse, on prenne tout simplement les noms des
conseillers généraux de tous les départements compris

dans le ressort judiciaire. Cela obligerait, il est vrai, à avoir, pour le département de la Seine comme pour tous les autres, un conseil général élu, et à faire en sorte que, partout, les conseillers généraux fussent choisis en dehors de toute pression administrative; mais, à vrai dire, nous ne verrions aucun mal à l'une non plus qu'à l'autre de ces deux innovations. Comme il n'y aurait habituellement qu'une seule affaire à juger, il suffirait de tirer au sort dix-huit jurés, pour, avec les cas d'excuses légitimes, être assuré d'en avoir toujours douze siégeant. Il y aurait lieu de restreindre, tant du côté du parquet que de celui de la défense, le droit de récusation, dont, pour le dire en passant, il nous semble qu'on fait maintenant abus dans les causes criminelles. Ainsi réduite, et eù égard à l'état actuel de nos communications, qui chaque jour se perfectionnent et rendent les déplacements de plus en plus faciles dans le rayon d'une cour d'appel, la charge de juré de la presse serait fort légère et n'aurait pas de quoi écarter de la compétition des suffrages les hommes qui, même depuis que nos luttes électorales ont, avec leur entrain, perdu beaucoup de leur intérêt, ne font point défaut lorsqu'il s'agit de représenter leurs concitoyens au sein d'un conseil général ou même d'un simple conseil d'arrondissement. Cette charge, rarement imposée et pour quelques heures

seulement, ne resterait lourde que par la responsabilité qu'elle entraîne. Mais il faut bien que quelqu'un
supporte celle-ci. Qui pourra mieux l'affronter qu'une
magistrature élue, puisant dans l'élection même ses
conditions d'indépendance ? Si, pour les causes ordinaires, l'inamovibilité est une garantie qui, tout
incomplète qu'elle soit, reste cependant, à beaucoup
d'égards, préférable à toute autre, pour ce qui tient à
la politique, rien ne remplace le jugement du pays.
Or, le jury, c'est le pays jugeant.

Nous croyons fermement qu'avec un jury composé
et fonctionnant de la sorte, les écrivains trouveraient,
d'une part, des conditions sérieuses d'impartialité et
d'intelligence ; et que, de l'autre, la société n'aurait
plus à craindre le retour de ces acquittements scanda-
leux, qui, s'ils ont, en d'autre temps, porté un pré-
judice réel au pouvoir monarchique ou républicain,
ont souvent nui à la presse elle-même en encourageant ses excès. C'est donc au nom de l'autorité, non
moins qu'en celui de la liberté, que, pour notre part,
nous sollicitons une réforme qui donnerait à toutes
deux des satisfactions et des gages.

Mais nous n'en avons pas fini avec toutes les difficultés, étant entourés non seulement de citoyens mais
de fonctionnaires, haut ou bas placés, qui, après avoir,
dans leur jeunesse, sacrifié à tout propos l'autorité à

la liberté, s'imaginent ne pouvoir expier leurs torts envers celle-là qu'en sacrifiant désormais perpétuellement celle-ci. Contre le rétablissement du jury en matière de presse, ces hommes invoquent un autre argument que celui de la crainte de l'impunité. Même en admettant que la répression soit efficace, ils craignent, disent-ils, le grand jour de l'audience, et cette publicité des débats, qui, d'un méchant article de journal ignoré, peut prendre occasion d'agiter le pays par un scandale retentissant.

En matière de publicité, nous n'avons rien à concéder à ces pusillanimes, si non qu'il convient de maintenir l'article en vertu duquel il est actuellement interdit aux journaux de rendre compte des procès de presse. Comme il faut être juste envers tout le monde, même envers ceux auxquels on trouve des imperfections ou des défauts, il ne nous en coûte nullement de nous associer à l'esprit qui a dicté cette disposition du décret de 1852. Nous ne ferons là dessus qu'une réserve : c'est qu'étant maintenue l'interdiction de publier les plaidoiries, il ne suffit pas que le jugement puisse être inséré, comme c'est de droit même aujourd'hui ; il est, en outre, nécessaire que l'article incriminé puisse être reproduit, pourvu qu'il le soit sans commentaires. Si cet article est acquitté, on doit, à moins de révolte contre le principe du respect acquis à la chose jugée, admettre qu'il n'était point coupable : dès lors, il a droit de circuler. Si, au contraire, il est condamné, quel inconvénient peut-il y avoir à le reproduire, le jugement étant là, à côté, pour apprendre à chacun qu'en parlant de la sorte, on s'expose à l'amende ou à la prison ? Trouvée innocente ou déclarée coupable, la pièce poursuivie doit être jointe au texte du jugement : il le faut si l'on veut que le public puisse juger les juges.

Cela posé en ce qui concerne la limite qu'il convient d'assigner à la reproduction écrite des procès de presse, nous demanderons à nos contradicteurs pourquoi, en ce qui regarde le prétendu scandale de l'audience, ils s'effrairaient plus de la cour d'assises que de la police correctionnelle ? Est-ce que les portes de l'une ne sont pas, comme celles de l'autre, ouvertes à tout venant ? Si l'on repousse le jury, sous prétexte des dangers de l'audience, ce n'est point à la police correctionnelle qu'il faut conduire les auteurs non plus que les journalistes ; c'est au cabinet même du préfet, jugeant à huis-clos, sans publicité, sans débat, sans appel. Ce système, nous le savons, sourit à plusieurs ; mais nulle considération ne nous le fera jamais adopter. De toutes les conditions qui assurent la liberté, la publicité est la première : partout où la publicité manque, si la liberté existe aujourd'hui, rien ne nous prouve qu'elle existera demain. Cela est vrai dans le domaine de la presse comme dans celui de la conscience, de l'association, de l'enseignement, du commerce, de l'industrie. Et même on peut dire que la publicité est la garantie de la liberté de la presse encore plus que de toutes les autres, puisque la presse ne vit que de publicité, puisqu'elle est en quelque sorte la publicité elle-même. Il faut donc en prendre son parti : ou une presse censurée, et par suite la pensée comprimée et éteinte ; ou une presse libre, avec les inconvénients, mais aussi avec les avantages de la discussion et du grand jour. Parlant de la première de ces deux presses, Benjamin Constant a dit avec raison : les censeurs sont à la pensée ce que les espions sont à l'innocence ; les uns et les autres gagnent à ce qu'il y ait des coupables, et quand il n'y en a pas, ils en font. Fuyons ce danger qui est une honte. On se plaint sans cesse que l'éducation libérale des Français soit lente à se faire : elle ne se fera point tant qu'on craindra pour eux le froid, le chaud, la lumière ; tant qu'au premier accès de fièvre, on les couvrira de coton ; tant qu'au premier faux-pas, on les mettra, s'ils ne vont d'eux-mêmes se remettre en lisières. C'est en tombant que les enfants apprennent à marcher et deviennent hommes ; c'est de même que les hommes deviennent citoyens.

Au criminel comme au civil, il y a, dans tout procès,

matière à interprétation. Même en cas de flagrant délit, la loi veut que l'homme pris sur le fait puisse se défendre, qu'il puisse chercher dans les circonstances un refuge contre la sévérité des lois. Nous ne refuserons pas à l'écrivain le genre de protection que la loi accorde aux plus grands criminels. Sans vouloir examiner ici, soit pour l'approuver, soit pour le combattre philosophiquement, le principe que la vie privée doit rester murée, et que nul n'a droit d'y voir, nous reconnaissons qu'au temps présent, ce principe est dans nos mœurs. Dès lors, nous admettons qu'il reste, au moins temporairement, dans nos lois, et que la preuve des faits diffamatoires ne soit point admise, toutes les fois qu'il s'agit d'une atteinte portée à la considération d'un simple particulier. Mais si celui-ci est fonctionnaire, et s'il a été diffamé pour faits relatifs à ses fonctions, la preuve, par tous moyens, doit pouvoir être fournie ; elle est de droit : c'est, pour l'écrivain, le cas même de légitime défense, contre lequel rien ne prévaut.

Nous ne voyons point ce qu'on pourrait objecter à cet ensemble de propositions relatives à la poursuite des délits de la presse, sinon peut-être que notre jury n'est point dans le code d'Instruction criminelle, et que ce serait une bien grande dérogation aux usages que de l'y introduire. Innovation pour innovation,

celle-ci nous semble à la fois moins forte et meilleure,
que celle à laquelle on s'est arrêté le jour où on a
donné au ministre de l'intérieur et aux préfets, à
l'égard de la presse périodique, des facilités ignorées
depuis l'abolition de la censure, et cela sous une constitution qui cependant confirme et nous garantit à
tous, comme base de notre droit public, « les grands
principes proclamés en 1789. » Les législateurs de ce
temps là auraient fort à faire, si, revenant au monde,
ils étaient chargés de mettre nos lois actuelles sur la
presse en parfaite harmonie avec leurs idées d'alors.
Présents à la discussion de la dernière Adresse, ils
auraient unanimement protesté contre les paroles d'un
des principaux orateurs du Gouvernement, qui, peu
de jours après que l'Empereur lui-même, dans un
discours fort remarqué aux exposants de Londres,
ouvrait de nouveaux horizons à nos espérances libérales, a pris à cœur, on ne sait pourquoi, de décou-
rager celles-ci, en nous annonçant qu'il faut nous en
tenir au décret organique du 17 février 1852. Soumis
aux lois de notre pays, nous leur obéissons tant
qu'elles durent : mais ce n'est point leur manquer de
respect que de ne pas accepter comme infaillible toute
parole tombée de la bouche d'un ministre avec ou
sans portefeuille. Si favorable qu'ait pu être à M. Ba-
roche le bienveillant sourire du destin, son autorité

reste impuissante à rendre libéral ce qui ne l'est pas.
Ou le décret comme le veut M. le ministre, ou la liberté comme la promet l'Empereur, mais pas tous les
deux à la fois. Entre l'un et l'autre, il faut opter : nulle
puissance au monde ne sera capable de les faire marcher d'accord, et à l'entreprendre, l'éloquence elle-
même, fût-elle accréditée par le caractère, perdrait
son temps.

II.

Les révolutions qui, même légitimes, ne sont jamais
exemptes de maux, ont cela de bon qu'elles facilitent
la justice à l'égard des gouvernements déchus. Outre
qu'il peut avoir à compter avec des ennemis déloyaux,
un gouvernement, tant qu'il est debout, se trouve
exposé aux attaques d'une classe nombreuse d'adver-
saires, qui, sans cesser d'être honnêtes, jugent moins
les actes qu'ils voient que les tendances qu'ils suppo-
sent, et s'imaginent, quoi qu'on leur accorde, ne devoir
point entrer en accommodement avec un pouvoir dont
ils repoussent le principe ou bien dont l'origine leur
a déplu. Si ce pouvoir tombe, toute cette classe d'op-

posants disparaît, leur hostilité cesse, et le plus souvent c'est par eux que commence la réhabilitation
historique des gouvernements à la chute desquels ils
ont, de bonne foi, concouru. Que les puritains des
divers partis se scandalisent de ces revirements d'opinion, nous n'y voyons, pour notre part, qu'un hom-
mage rendu à la vérité et à la justice, et nous
garderons nos rigueurs pour ces convertis moins désintéressés, dont le héros sera toujours l'homme debout,
pour ceux dont les jugements équitables n'ont jamais
suivi dans l'exil aucun prince ni aucun principe, et
dont la mobile adoration est constamment prête à se
tourner vers tous les soleils levants.

Qui que nous soyons, libéraux de 1815, de 1830 ou
de 1848, nous sommes tous aujourd'hui d'accord
pour penser que si le premier Empire nous a rendu
l'ordre, le gouvernement de la Restauration, victime
comme tant d'autres de ses ultras, mérite, plus que ne
l'ont dit les faux libéraux du temps, d'être inscrit au
nombre des gouvernements réparateurs. C'est, en
réalité, de lui que datent les premiers essais tentés
pour nous faire entrer dans la voie de ces libertés
légales, que, sans non plus les accorder toutes, le
régime de 1830 a maintenues et développées. Si
Charles X a perdu sa couronne, s'il a, dans sa chute,
entraîné sa dynastie, pour avoir, en un jour d'égare-

ment, livré la liberté de la presse à un ministre dont le nom restera l'emblème de l'aveuglement mis au service de la fidélité, n'oublions pas que Louis XVIII prit pour soutien de son trône à peine restauré l'auteur convaincu de ces lois de 1819, sous lesquelles, tout incomplètes qu'elles nous apparaissent, nous serions actuellement heureux de vivre, et dont les débats, après avoir illustré la tribune française, assurent à la mémoire de M. de Serre l'impérissable honneur de demeurer inscrite dans l'histoire parmi celle des libéraux les plus vrais de tous les pays et de tous les temps. A défaut du *Moniteur*, deux écrivains, que la dignité du caractère ont, non moins que le talent, mis au rang de nos premières autorités parlementaires, MM. Guizot et Duvergier de Hauranne, sont là pour nous apprendre que, dans l'étude de nos interminables luttes pour être et pour rester libres, cette année 1819 mérite au premier chef, de fixer l'attention de tous ceux qui, sans viser à découvrir la perfection nulle part, cherchent de bonne foi la vérité dans l'histoire et la liberté dans les institutions.

On vit, en cette année là, une chose qui ne s'est guère revue depuis : un ministre du souverain, luttant avec énergie, on peut dire avec passion, contre son propre parti, contre les exagérations de ces amis dangereux qui, dix ans plus tard, devaient contribuer à perdre la monarchie. La gauche d'alors n'est pas seule, il s'en faut, à combattre pour la liberté ; le centre droit lui vient puissamment en aide contre les entreprises de la droite extrême, et ce n'est point de l'opposition que part comme menace, c'est du trône constitutionnel que descend, comme mesure d'ordre, comme satis-faction donnée à un droit acquis, la volonté d'affranchir la presse. C'est le ministère qui, dans les voies du libéralisme, marche alors plus hardiment que ne semble le faire le pays lui-même. C'est à l'éloquente autorité du garde des sceaux, professant que, lorsqu'il a fait condamner un journal ou un livre, le gouver-nement n'a rien obtenu si l'opinion publique ne rati-fie pas la sentence (1), qu'on doit dès lors l'applica-tion du jury aux affaires de presse. C'est à la même autorité que, sous une Charte qui cependant recon-naissait une religion d'Etat, la majorité des deux chambres se rend pour repousser, comme inopportun et dangereux, un amendement en vertu duquel non plus seulement la morale publique, mais « la religion chrétienne » se trouvait inscrite parmi les choses que la loi civile était appelée à protéger contre les attaques des écrivains (2). Les amis de la liberté de la presse

(1) *Moniteur* du 28 avril 1819.
(2) *Moniteur* des 19 avril et 25 mai 1819.

doivent relire toute cette discussion ; les amis de la
liberté religieuse, qui, comme nous, gardent un dou-
loureux souvenir de la loi, qui six ans plus tard devait
se nommer « du sacrilége, » doivent équitablement
rappeler à ceux qui l'oublient que ce fut cependant un
ministre du roi très-chrétien, qui, en 1819, proclama
le plus haut, et cela dans l'intérêt de la religion elle-
même, la nécessité de maintenir la distinction des
deux puissances, et s'opposa vigoureusement à ce que,
« l'homme, cet être faible et passionné, offrit au Tout-
Puissant le secours de son bras. » Grand exemple et
grande leçon, tous deux oubliés, mais non perdus,
car on doit croire qu'ils ont puissamment contribué à
faire qu'en dépit d'efforts encore plus inintelligents
que passionnés et de réactions éphémères, le grand
et salutaire principe de la distinction du spirituel et
du temporel s'implante de plus en plus dans nos
mœurs, alors même qu'il reçoit de passagères atteintes
dans nos lois.

Sans proclamer parfaites les lois de 1819, n'oublions
pas que nous leur devons la plupart des dispositions
libérales restées ou remises en vigueur sous les législations suivantes. Ces lois planent sur notre code de la
presse non seulement comme un souvenir glorieux,
mais comme un regret, comme une espérance, et cela
suffit pour que nous ne nous montrions point trop cha-

touilleux sur la distinction, établie à cette époque, entre les livres et les journaux, entre la liberté laissée à ceux-là, et les restrictions imposées à ceux-ci. En bonne logique, et conformément aux larges principes que nous avons émis, il ne doit pas y avoir de différence entre les divers modes de publications. La liberté de la presse n'étant autre chose que le droit laissé à chacun de répandre ses opinions sauf à en répondre, nous ne saurions accueillir la théorie de ceux qui, faisant partage du genre de public qui lit les livres et de celui qui lit les journaux, professent qu'il doit y avoir, résultant du droit lui-même, une législation distincte pour les deux. Nous admettons, pour les journaux, une législation à part, mais celle-ci ne découle point du droit strict; elle résulte seulement de la nécessité où est le législateur d'assurer le châtiment en cas de délit. Et cette distinction est essentielle, car il suffit qu'elle soit adoptée pour obliger ceux qui l'admettent à admettre, du même coup, qu'une fois que le gouvernement a pris les mesures nécessaires pour rendre certaine la répression des délits commis par les journaux, son droit est épuisé à leur égard : il ne saurait aller au delà. Qu'il y ait ou non deux publics, comme on le prétend, cela ne nous regarde pas, car, en matière de liberté de presse, nous n'avons point à nous occuper du public, nous n'avons à considérer que l'écrivain : il faut lui garantir son droit, et ce droit est le même, sous quelque format et à quelqu'échéance qu'il s'exerce. La dimension de la feuille sur laquelle on écrit, non plus que la périodicité, ne changent rien à la faculté que, dans tout pays où la liberté de la presse existe, tout citoyen doit avoir droit d'imprimer, à ses risques et périls, ce qu'il trouve bon et ce qu'il croit vrai. Voilà le principe : il ne varie pas. Voici maintenant, pour ce qui concerne spécialement les journaux, quelle peut en être l'application.

Une fois admis le droit dont, à notre avis, la société ne doit point se départir, de réprimer les délits commis par la voie de la presse, il faut lui donner les moyens de se protéger contre les excès de toute sorte de publications. Pour les livrer, la chose est facile : le dépôt, et, en cas de poursuites, la saisie, jointe à la responsabilité de l'auteur s'il a signé son livre, à celle de l'éditeur et de l'imprimeur si l'auteur reste inconnu ou s'il est insolvable, tout cela suffit à assurer la répression. Que le parquet se montre un peu trop prompt à saisir un volume qu'après examen de quelques jours et faute d'y pouvoir constater un délit, on sera obligé de rendre à son auteur, celui-ci n'aura éprouvé nul dommage; et même on peut prévoir que grâce à cet esprit curieux et frondeur dont leurs affaissements, si grands qu'ils soient, ne guérissent jamais les Français

3

que d'une manière incomplète et passagère, l'édition du livre devenu momentanément suspect, n'en sera que plus vite enlevée. Il n'en est pas de même d'une feuille de journal. Celle-ci n'a qu'une heure de vogue et de vie; il faut, à moins de l'annuler, la laisser libre de partir par la poste au moment même où elle sort de presse. Le dépôt sans doute reste exigé pour tout le monde, et une fois ce dépôt fait, l'éventualité d'une saisie atteint les écrits périodiques comme les autres. Mais ce serait mal garantir la liberté que d'abuser, pour les journaux, du droit de saisie immédiate. Il est donc naturel, il est même libéral, afin d'être exposé moins souvent à saisir sur l'heure, d'avoir corroboré l'action publique par cette disposition de la loi qui exige que tout journal ait un gérant responsable, qu'on sera sûr de retrouver demain comme aujourd'hui, et qui, ne fût-il point l'auteur de tel ou tel article, répondra, jusqu'à l'expiration des délais de la prescription légale, de tout ce qui aura été dit dans la feuille au bas de laquelle sa signature aura figuré. Mais si ce gérant est un homme de paille; s'il ne fait que prêter son nom; s'il est absolument insolvable, que devient la garantie? Delà, l'obligation, non pas directe, répétons-le, non pas résultant du droit lui-même, mais bien de la nécessité, de là l'obligation d'imposer aux journaux un cautionnement dont le principe fut, à certaines épo-

ques, plus attaqué que de raison, et dont, pour
notre part, nous n'hésitons pas à reconnaître la
convenance, à deux conditions cependant : la première, c'est que le chiffre de ce cautionnement ne
sera point exagéré; la seconde, c'est qu'en rendant
sérieuse, effective, la responsabilité du gérant, le cautionnement déchargera l'imprimeur de toute compro-
mission et de tout danger. Nous ne saurions admettre
nulle part, pour la presse, cette responsabilité collec-
tive, qui, sous prétexte d'assurer la répression, tue la
liberté, en exigeant, pour qu'un livre ou un article de
journal puisse paraître, le concours de deux, quelquefois de trois ou quatre volontés. Il n'en faut qu'une, si
l'on veut que réellement la liberté existe, et nous re-
viendrons là dessus tout à l'heure, quand nous aurons
à nous expliquer sur les brevets d'imprimeurs. Seulement, comme il faut aussi que l'amende soit sûrement
payée par quelqu'un, rien n'empêche, jusqu'à ce
qu'on trouve mieux, d'accepter le principe du cautionnement, qui, à proprement parler, n'est point une
mesure préventive, mais une simple garantie donnée
à la répression en cas de délit.

Les droits de poste n'étant autre chose que la rému-
nération d'un service rendu par l'Etat aux particuliers, qui, à leurs frais, ne sauraient, à aussi bas prix,
faire parvenir à destination les lettres et les imprimés

qu'ils envoient, nous ne nous arrêterons même pas à
combattre cette prétention qui, elle aussi, s'est produite en d'autres temps, d'obliger la poste à transpor-
ter les journaux gratis. Nous n'en sommes plus là :
loin de verser, à l'égard de la presse, dans l'ornière
de la faveur, c'est plutôt, en ce qui concerne surtout
les journalistes, dans celle de la prévention et de l'in-
justice, que l'opinion publique est aujourd'hui tombée.
Restons, si c'est possible, sur le large et ferme terrain
du droit ; et, quels que soient ces brusques virements
d'opinion, soyons de ceux qui, à toute époque, ont,
sur ces questions, même sentiment, de ceux qui ad-
mettaient déjà sous la République ce qu'ils continuent
à professer sous l'Empire, que ces journaux doivent,
comme les lettres, acquitter le prix de leur transport,
pourvu que ce prix, qui ne doit point cesser d'être ré-
munérateur pour l'Etat, soit équitable, c'est-à-dire
modéré.

Sans être précisément difficile à résoudre, la question du timbre des journaux est plus délicate et demande qu'on fasse une distinction. Tout droit de timbre est un impôt ; et, sous un régime qui, même aux
époques où il oublie de se dire libéral, ne néglige jamais de s'intituler démocratique, l'impôt sur la pensée
ne saurait être admis et trouvé bon. Mais, chez la plupart des journaux si non chez tous, et surtout chez les

grands, il y a deux parties bien distinctes : il y a la
partie intellectuelle, celle des articles, qui devrait être
affranchie du timbre ; il y a la partie industrielle, celle
des annonces, qui peut et même qui doit, comme
toute industrie, supposer sa part d'impôt. Le tort de
notre législation actuelle et de toutes celles qui l'ont
précédée, est de frapper les journaux d'un droit qui
s'étend indistinctement de la première à la quatrième
page, de telle sorte qu'à format égal, chaque feuille
d'un journal qui n'a que peu ou point d'annonces, acquitte au timbre le même droit que celle d'un journal
dont les annonces sont affermées à plusieurs centaines
de mille francs par an. C'est là qu'est le mal, et ce mal
est double dans ses effets ; car, d'une part, il accou-
tume les citoyens à considérer le droit de timbre
comme un impôt légitimement prélevé sur l'intelligence, ce qui ne saurait être ; car, d'un autre côté, il
rend difficiles, souvent même impossibles, les conditions de l'existence aux journaux qui voudraient s'établir et à ceux qui viennent de naître. Ceux-ci, en effet,
n'ont que peu d'abonnés, et, la plupart du temps, ils
n'ont point d'annonces. Pour gagner des abonnés, et
par suite des annonces, pour bien payer sa rédaction,
il faut faire des frais. Pour pouvoir faire des frais, il
faudrait des abonnés et surtout des annonces. C'est un
cercle vicieux, qui enserre les nouveaux venus, et ce

cercle est rendu plus étroit par la présence immédiate de l'agent du fisc, qui, dès les premiers abonnements, est là pour prélever sa part. Grâce à lui, la caisse du journal, avant d'être alimentée par aucun produit accessoire, se trouve frustrée de toute la somme qui, sur l'heure, entre dans la caisse de l'Etat, et qui ne devrait y être versée qu'à l'époque où le journal, ayant grandi, aurait vu croître sa clientèle et se développer cette partie industrielle qui doit être la source principale de son revenu.

Supposons qu'à Paris, un nouveau journal s'établisse et qu'il le fasse dans les conditions ordinaires, c'est-à-dire au prix moyen d'abonnement de 60 francs par an, et dans les dimensions de la plupart des feuilles actuelles, dont le timbre est de 6 centimes. Cet impôt de 6 centimes, multiplié par 365 jours, donne, en fin d'année, la somme de 21 francs 90 centimes, somme énorme puisqu'elle dépasse le tiers du prix de l'abonnement. Le plus clair du bénéfice du journal y passe; ou, pour parler plus justement, comme il ne saurait y avoir bénéfice pour un journal quotidien de Paris tant que celui-ci n'a pas conquis au moins sept ou huit mille abonnés, la perte quotidienne s'accroît de toute la portion versée au Trésor à titre d'impôt.

Que sera-ce si, au lieu de Paris, il s'agit d'établir en province un journal qui ne pourra, lui, à ses débuts, présenter au public le nom de rédacteurs connus dans la presse, ni mettre en tête de prospectus retentissants, qu'il a pour patrons « un grand nombre de Sénateurs, de Députés, de Conseillers d'Etat. » Ce n'est point en province que, pour écrire, on peut invoquer l'appui d'aussi hauts personnages, dont le nom seul est un gage de vie, ne fût-il pas une condition de fortune. A peu près certain de mourir sans eux, alors même que sans eux on obtiendrait permission de naître, on trouve plus doux de ne point naître, et il en résulte que, la loi pénale aidant le timbre et le timbre aidant la loi pénale, nul écrivain, surtout s'il n'est pas sûr de lui, ne s'avise plus guère en province de demander à M. le Préfet la permission de fonder un journal. De là, dans toute la France, au profit des vieux journaux, bien vivant de leur industrie, et bien disciplinés pour la plupart, une féodalité de la presse, contre laquelle, en vécussent-ils, doivent protester avec nous ceux qui considèrent que, de tous les monopoles, celui de l'intelligence est le pire.

Rien ne serait à la fois plus judicieux et plus simple, qu'une réforme en vertu de laquelle, étant aboli le timbre de dimension qui atteint le journal entier, chaque ligne d'annonces serait frappée d'un droit qui associerait le Trésor aux bénéfices de la quatrième page. L'Etat n'y perdrait rien; la justice y gagnerait. Ce serait là un impôt équitable, puisque d'un

côté il ne porterait que sur la partie vraiment industrielle de l'entreprise, puisque, de l'autre, le fisc aurait sa part exactement proportionnelle dans les profits
que l'insertion des annonces procure aux journaux.

A l'égard de cet impôt comme de plusieurs autres, le principe de l'abonnement serait admis. Une
fois constaté le produit que, par jour, et dans le cou-
rant d'une quinzaine ou d'un mois, les annonces d'un
journal auraient donné, on pourrait, au taux moyen,
traiter avec ce journal pour toute l'année. Cela simpli-
fierait la perception du droit, perception qui d'ailleurs
resterait facile quand même le système d'abonnement
ne prévaudrait point dans la pratique. Pour établir ce
droit et pour en toucher le montant, il faudrait beaucoup moins d'employés et de temps qu'il n'en faut aujourd'hui pour l'apposition matérielle du timbre. Tandis, en effet, qu'un journal qui a dix mille abonnés
exige par jour dix mille coups de tampon, dont chacun macule une de ses feuilles, un quart d'heure suffirait pour compter chaque matin, sur un exemplaire
dont la loi exigerait le dépôt à titre de renseignement
fiscal, combien, ce jour-là, la feuille a inséré de lignes
d'annonces. Tant de lignes d'annonces, tant de francs
encaissés par le journal, et là dessus, à titre d'impôt,
tant de centimes prélevés par l'Etat. C'est si naturel et
si logique qu'il faut espérer qu'on en viendra là un
jour ; c'est peut-être, au reste, parce que le principe

est trop simple, qu'il n'a pas encore reçu son application.

Même aux époques où l'opinion publique se montre le plus favorable aux journaux, les gouvernements ne sont pas dans l'usage de suivre le flot ; pour eux, le journal c'est l'ennemi. Tel ils le voient, tel ils le traitent, et de là il arrive que fort souvent tel il devient, alors même qu'il n'y prétendait pas. « Les coups lui font une conviction, » dit, en parlant d'un pauvre hère, le personnage d'une récente comédie, dont l'auteur, pour essayer de refaire *Tartuffe,* a bien mal choisi son moment : les faux dévots sont de tous les temps ; ils ne sont point dangereux du nôtre. Toujours est-il que le mot a du vrai. Que de journalistes, moutons d'origine, sont devenus des lions sous le fouet ! Si, pour de bonnes raisons, il n'y a point aujourd'hui de lions dans la presse française, il reste en Europe des gouvernements qui, absolus ou non, savent que la presse est une puissance et se montrent, à cause de cela, plus disposés à la gouverner qu'à l'affranchir. C'est là un fait qui, pour se reproduire sous les régimes les plus divers, n'en reste pas moins une faute. Qu'il aspire ou non à devenir parlementaire, tout gouvernement, si peu qu'il soit représentatif, doit admettre que la liberté de la presse est de son essence même. C'est par elle, c'est non seulement par la publicité des débats législatifs, mais par le libre jugement que les écrivains doivent être admis à porter sur les orateurs et sur les votants, que le peuple apprend à connaître et à juger ses députés. D'un autre côté, sans la liberté des journaux, le gouvernement n'est renseigné sur ce qui se passe que par les rapports de ses fonctionnaires : trop souvent intéressés à lui voiler des vérités déplaisantes pour lui ou pour eux-mêmes, ceux-ci se flattent en le flattant; et si la flatterie est pleine de dangers pour les princes, même quand, à côté d'elle, la voix des dissidents peut se faire entendre, que sera-ce si cette voix est muette? Je connais, disait M. de Bonald, qu'on n'accusera point d'être un extravagant de libéralisme, je connais un remède très-efficace contre l'exagération et l'imposture des journaux; je n'en rencontre pas contre leur silence. Comment se fait-il que les gouvernements, presque tous les gouvernements, en soient encore à se rendre compte d'une vérité si simple; et, non contents d'aimer le silence des journaux, ne reculent devant rien pour l'obtenir? Longtemps avant qu'il ne se fût mûri dans la pratique des affaires et dans les dix années de cette retraite pleine de dignité et d'études d'où il n'est sorti que par la mort, Tocqueville, revenant d'Amérique, signalait ce qu'il avait vu là : il y avait vu des journaux libres, souvent trop libres,

mais en si grand nombre que, chacun détruisant au
moins en partie le mal que d'autres avaient fait, les
excès de la presse américaine elle-même restent, la
plupart du temps, sans danger. Nous ne songeons point
à demander pour nos journalistes de pareilles franchises. Mais, avec le voyageur qui plus tard devait
devenir notre maître à tous, notre guide à la fois le
plus hardi et le plus sûr dans les voies de ce libéralisme vrai dont il n'aura, lui, entrevu que l'aurore,
nous conclurons que le bon moyen d'affaiblir la presse
et de diminuer par là ses dangers, ce n'est pas de multiplier autour d'elle, comme on a coutume de le faire,
les barrières de toutes sortes, ce n'est pas de l'entou-
rer de précautions, de rigueurs et surtout de pièges :
c'est, au contraire, une fois bien posée la limite qu'elle
ne doit point franchir, de la laisser se mouvoir librement dans le cercle que, d'accord avec la nature des
choses, la raison et la loi auront tracé. En Amérique,
comme au reste en Angleterre, on est bien convaincu
de cette vérité que, plus il y a de journaux, moins
les journaux sont puissants (1) ; aussi, les laisse-t-on
vivre et même pulluler.

(1) C'est ce qu'on démontre très-bien dans un petit livre tout
récent, *Paris en Amérique*, dont le succès nous donnerait lieu de
penser, s'il n'y avait malheureusement des signes contraires, que
chez nous l'amour de la liberté revient. En Amérique, dit spirituel-
lement l'auteur de cette fine étude, il y a tant de journaux que « le
nombre des tyrans a tué la tyrannie. »

En France et encore ailleurs, on s'imagine au contraire que, moins il y a de journaux, plus le gouvernement est en sûreté, et, à chaque journal que, de Madrid à S'-Pétersbourg, la police empêche de naître ou qu'elle tue, il ne manque pas de prétendus amis de l'ordre pour applaudir à ce beau triomphe. Ils sont satisfaits, se croyant devenus plus forts. Erreur : on n'a fait que fortifier l'ennemi.

Il suffirait que cela fût bien compris pour qu'il ne nous restât rien à dire sur un point que nous avons réservé pour la fin, car il est capital, car on n'aura rien fait pour la liberté de la presse, tant qu'on n'aura pas, quoi qu'on fasse d'ailleurs, abordé ce point là : nous voulons parler des brevets d'imprimeurs.

L'imprimerie n'est pas seulement une de ces découvertes dont l'esprit humain puisse, à bon droit, s'énorgueillir : c'est, en outre, une puissance formidable, envers laquelle, tout en l'admirant, nous reconnaissons que la société a des précautions à prendre. Nous avons admis que les délits de la presse doivent être réprimés ; cela suffit pour que nous admettions également que l'imprimerie doit être surveillée. Mais surveillance et vexation sont deux choses parfaitement distinctes : la première est légitime, la seconde ne l'est pas. La loi de 1814, encore en vigueur pour partie, a remis aux mains du pouvoir une arme séduisante et dangereuse, qui, inventée pour la défense, peut, à toute heure, devenir agressive et aider une administration ombrageuse à en finir avec la presse aussi souvent qu'il lui plaira.

Point de liberté de presse sans imprimeries ; point d'imprimeries sans imprimeurs. Or, en faisant de l'état d'imprimeur une de ces professions que, par euphémisme sans doute, on est convenu d'appeler « privilégiées ; » en exigeant que tout imprimeur soit bréveté et en rendant le brevet révocable par mesure administrative, la loi de 1814 a, en réalité, donné à l'administration un pouvoir qui, s'il n'est pas discrétionnaire dans son essence, le devient dans ses effets : il suffira toujours de détourner les imprimeurs de la volonté d'imprimer, pour dépouiller, par voie indirecte, les écrivains du droit d'écrire.

Puisque, comme on l'a dit avant nous, il est aussi impossible d'imprimer sans presse que de labourer sans charrue ou de naviguer sans vaisseau, il semble que le premier soin de tout gouvernement vraiment soucieux de garantir la liberté de la presse, doive être de mettre tout citoyen en position de trouver un imprimeur, s'il en a besoin. Or, c'est justement le contraire qui arrive, grâce à l'institution des brevets révocables, institution dont il est permis de croire qu'elle est plus qu'un usage, qu'elle fut à son origine et qu'elle est restée depuis un calcul. Si, par là, les gouvernements s'étaient mis simplement en mesure de ruiner un homme auquel il leur a plu d'accorder une faveur, ce serait déjà beaucoup ; mais, ce qui est de trop, c'est que la révocabilité du brevet place les imprimeurs en face de la crainte, encore plus qu'elle ne les met sous le coup perpétuel de la loi. Pour que la liberté soit atteinte, il n'est pas du tout nécessaire que l'administration fasse un usage fréquent de son droit de retrait de brevet ; c'est assez qu'on sache qu'elle a ce droit, et qu'en l'occasion elle l'exercera. Ne l'eût-elle exercé qu'une fois comme cela s'est vu après la saisie d'une brochure qui, au printemps de 1861, a fait du bruit (1), cet exemple a suffi pour que maint auteur, désireux d'écrire sur autre chose que les sciences, les lettres, la pluie ou le beau temps, ait, depuis lors, trouvé et trouve encore des difficultés extrêmes à faire imprimer ou éditer des choses que le parquet le plus chatouilleux eût cependant déclarées innocentes. Nous avons connu des manuscrits qui eussent volontiers affronté tous les censeurs imaginables, y compris le juge d'instruction, et qui n'ont pu tenir devant la censure d'un imprimeur ou d'un libraire, refusant sa presse ou son nom. Cela se conçoit. Quel est l'indus-

---

(1) *Lettre sur l'histoire de France.* Retrait de brevets de l'imprimeur Beau et de l'éditeur Dumineray.

triel, — car, après tout, si la presse a une mission, l'imprimerie est une industrie comme une autre, — qui, pour un gain modique, s'exposera à déplaire au pouvoir dont il sait que son sort dépend ? Tout imprimeur qui, en vue de gagner cent écus, accepte l'impression d'un écrit qui peut lui coûter son brevet, c'est-à-dire une valeur de vingt, cinquante, cent mille francs ou plus, n'est qu'un sot. Celui qui, par dévouement à une idée, par devoir, par conviction, se risquerait à courir pareille aventure, serait assurément un héros. N'exigeons pas de ceux qui disposent en maîtres de nos manuscrits, qu'ils soient précisément l'un ou l'autre : prenons plutôt, et cela de bonne foi, les mesures nécessaires pour, sans livrer la société aux idéologues dangereux, faire que la liberté d'imprimer obtienne la première de ses garanties, qui est l'indépendance des imprimeurs.

Il n'y a que deux moyens pour cela : ou rendre libre la profession d'imprimeur, tout en gardant sur elle les moyens de surveillance efficace que nous allons indiquer ; ou introduire dans la loi une disposition qui, hors les cas dont nous aurons également à faire réserve, affranchisse l'imprimeur de toute solidarité dans la poursuite, et mette, quoiqu'il arrive, son brevet hors d'atteinte administrative.

Le premier de ces deux systèmes serait assurément

le plus simple, et c'est le seul auquel nous nous arrê-
terions s'il n'était aussi le plus radical, et s'il n'avait,
comme tel, le privilége de porter avec lui l'impopula-
rité et même l'effroi. Effroi réel chez plusieurs, simulé
chez d'autres, mais à coup sûr exagéré, puisqu'il est
entendu qu'en proposant la suppression du brevet,
nous n'entendons pas du tout affranchir de contrôle les
citoyens auxquels il prendrait fantaisie d'avoir une
presse à leur disposition. Chacun de ceux-ci aurait à
faire une déclaration, par suite de laquelle il tomberait
immédiatement sous le coup des lois et réglements les
plus sévères relatifs à la police de l'imprimerie. Quiconque, ayant fait connaître qu'il a une presse, vou-
drait la faire fonctionner, ne fût-ce que pour imprimer
une feuille volante, serait en outre, cela va sans dire,
comme l'est aujourd'hui tout imprimeur, soumis à la
double formalité de la déclaration et du dépôt, et, de
plus, à l'obligation de mettre son nom au bas de l'é-
crit. Et moyennant qu'on édicterait des peines rigou-
reuses contre quiconque serait trouvé détenteur
d'une presse clandestine, et qu'on maintiendrait, à l'u-
sage de tous, les articles de loi qui aujourd'hui atteignent l'imprimeur coupable d'avoir manqué aux réglements concernant son état, il est permis de croire
que la crainte d'un châtiment plus qu'ordinaire, suffirait, si non pour empêcher toute fraude, du moins

pour limiter singulièrement le nombre des délits. Quant à la répression, elle pourrait être, dans tous les cas, assurée, comme elle l'est actuellement pour les journaux, par l'obligation d'un cautionnement auquel serait soumis tout citoyen possesseur de moyens d'impression. Le chiffre de ce cautionnement devrait être d'autant plus élevé, que, dans le système dont nous parlons, l'imprimerie serait plus libre.

A ce système, on fait une objection. On dit que nous aurons beau faire ; que, sous un tel régime, la police sera impuissante à découvrir les imprimeries secrètes, qui s'établiraient partout le jour où le gouvernement aurait l'imprudence de laisser libre la profession. Nous n'en croyons absolument rien. Parler ainsi, c'est faire injure à la police, dont l'œil, si exercé de nos jours, ne s'endort sur aucun délit, notamment sur ceux qui ont trait à la politique. Un décret en date du 22 mars 1852 a d'ailleurs pris un bon moyen pour faciliter la surveillance, en obligeant non-seulement les fabricants de presses, mais tous les fondeurs de caractères, clicheurs, stéréotypeurs, etc., à tenir un registre, paraphé par le maire, sur lequel doivent être inscrits, à jour, les noms, qualités et adresses de tous ceux auxquels ils font quelque fourniture. On pourrait compléter cette disposition en exigeant que tout citoyen qui, sous l'empire de la liberté de l'imprimerie, aurait

une presse en sa possession , déclarât à qui il la trans-
met le jour même où il s'en dessaisit.

Avec toutes ces précautions, il se pourra encore,
nous l'accordons, qu'un homme n'ayant rien à perdre,
s'avise de faire un coup fourré, achète une presse, des
caractères, échappe pour quelques jours au cautionnement, et sous l'inspiration peut-être d'un parti qui
lui aura fourni ses moyens d'action, jette sur la place
une méchante brochure et s'enfuie. Si cela arrive une
fois par hasard, il ne faut point s'en préoccuper. Bien
malades seraient les gouvernements et les pays, qui,
pour un fait isolé de cette nature, courraient des risques
sérieux. S'il pouvait être à craindre, au contraire ,
que cela ne se renouvelât, nous serions les premiers à
chercher les moyens de nous garantir contre un tel
danger. Mais, outre que rien de pareil n'est à prévoir,
nous demandons à tout homme ayant son bon sens en
quoi le régime actuel des brevets peut empêcher un
aventurier de faire justement ce dont on nous menace?
Le délinquant qui, étant donnée la liberté de l'imprimerie, se soustrait à la déclaration qu'il doit faire, et
consent à courir la chance d'imprimer sans bruit un
pamphlet, sauf à disparaitre après coup, peut apparem-
ment, si la fantaisie lui en vient, agir de même aujourd'hui. En quoi le régime actuel des brevets peut-il
empêcher un homme de se procurer clandestinement

une presse, d'acheter du vieux plomb, quelques rames de papier, de lancer une brochure et de prendre la fuite? Ceci n'est point entré dans nos mœurs. Pourquoi craint-on que l'usage ne s'en établisse sous une législation qui, plus douce pour les observateurs de la loi, serait, nous l'admettons, rendue plus rigoureuse envers ceux qui voudraient la violer?

Mais on raisonne encore moins avec le parti pris qu'avec la peur, et si celle-ci est bien pour quelque chose, celui-là est pour beaucoup dans le maintien des procédés actuels. Essayons donc d'une concession. Admettons, si on le veut absolument, que l'usage des brevets, momentanément disparu à la chute de l'Ancien Régime, soit conservé. Du moins faut-il qu'en aucun cas, et surtout en l'absence d'un jugement qui les condamne à cette pénalité rigoureuse, les titulaires ne puissent perdre leur brevet, sous prétexte qu'ils ont concouru à la publication d'un écrit coupable.

Invoquant, en 1819, les principes oubliés depuis, mais sous l'empire desquels la loi de 1814 a été votée, M. Guizot, alors commissaire du gouvernement, proclamait que le brevet d'un imprimeur ne devait lui être retiré que « dans le cas de condamnation pour contravention aux lois et réglements sur *la police* de l'imprimerie. » (1) Notons ce mot : il est capital. Il indique, à

(1) *Moniteur* du 23 avril 1819.

ne pouvoir s'y méprendre, qu'il entrait alors dans la
pensée du gouvernement que l'imprimeur ne courait
point de risques pour son brevet dans le cas où il
aurait été condamné à l'amende ou à la prison comme
complice ou même comme auteur principal d'un écrit
reconnu coupable, mais seulement dans l'hypothèse
où il aurait contrevenu aux lois et réglements concernant son état, c'est-à-dire soit à la formalité de la
déclaration ou du dépôt, soit à l'obligation de faire
figurer son nom au bas d'un imprimé sorti de ses
presses. On comprend tout de suite quelle importance
s'attache à cette distinction, qui au reste, disons-le,
n'a point attendu le second Empire pour être oubliée
et méconnue. L'imprimeur qui viole les réglements
sur « la police » de la presse, agit de son chef, et,
dans ce cas, si on le prive de son brevet, pourvu qu'un
autre hérite de celui-ci, la liberté de la presse n'a point
à souffrir. L'imprimeur, au contraire, qui se voit perpétuellement menacé d'un retrait de brevet pour
fait d'impression d'un écrit qui pourra être jugé coupable, a tout intérêt à s'ériger en juge suprême du
manuscrit qu'on lui présente, et, aussi souvent qu'il
refuse d'imprimer, la liberté de la presse se trouve
atteinte dans la personne de l'auteur, c'est-à-dire dans
sa source même. Il ne manque pas de prétendus con-
servateurs pour dire qu'après tout, le mal n'est point
grand, pour peu que l'ouvrage soit suspect. Nous ne

saurions partager cet avis, et quiconque l'adopte est inconséquent s'il ne se prononce aussitôt pour le rétablissement de la censure. La censure, en effet, a pour usage, partout où elle existe, de ne mettre au pilon que les écrits précisément qu'elle trouve ou dangereux ou suspects : elle laisse d'ordinaire passer les autres. Si l'on veut que les autres seuls puissent passer, et si les imprimeurs ont mission de veiller à cela, à quoi bon la liberté de la presse, et pourquoi pas tout de suite des censeurs ? Notre question est sans réplique. Ceci est le point de vue de la liberté ; passons à celui de l'ordre. L'ordre ne craint rien tant que le désordre : or, c'est un désordre, et tôt ou tard, celui-ci ne peut manquer de porter ses fruits, que de dire hautement aux citoyens qu'ils sont libres, et de se réserver, par dessous main, le moyen de faire qu'ils ne le soient pas. Pour tenir les gens en respect, c'est toujours une pauvre ressource que celle qui consiste à chercher partout, pour la remettre aux mains du pouvoir, une de ces martingales de mauvais aloi à l'aide desquelles on se flatte de lui donner la force en le dispensant d'avoir le droit.

De deux choses l'une : ou l'on veut sérieusement la liberté de la presse, ou on ne la veut pas. Si on ne la veut pas, nous comprenons tout, et n'avons rien à dire. Mais si on la veut, il faut absolument faire autre chose et plus que n'ont fait les gouvernements, même libéraux, qui ont précédé l'Empire : il faut se mettre en frais pour, sans rendre la repression illusoire, trouver moyen de rendre partout inutile le concours de plusieurs volontés. Si, comme on l'a fait remarquer souvent, l'obligation d'être deux pour former une entreprise est une atteinte réelle porté à la liberté de l'industrie, à plus forte raison ne sera-t-il jamais dit que l'obligation d'être deux ou trois pour publier la pensée d'un seul constitue la liberté de la presse.

Du moment qu'on a pris ses mesures pour qu'aucun délit de presse ne reste impuni, quel profit, nous le demandons, s'il n'y a point d'arrières-pensées, peut-on trouver à multiplier le nombre de coupables, et à vouloir, dans ces sortes d'affaires, en atteindre toujours deux ou trois? Il suffit d'un, pourvu qu'il n'échappe pas. Or voici quelles seraient, suivant nous, la règle à suivre et la gradation à observer pour assurer toujours la répression sans atteindre jamais la liberté.

S'agit-il d'un article de journal ? Le gérant et son cautionnement sont là pour répondre : ce serait assez, quand bien même les auteurs de la loi de 1850 n'auraient pas réussi à créer maladroitement une responsabilité de plus, et, par la nécessité de la signature de chaque article, imposé à la presse périodique une nouvelle entrave dont il est permis de croire que plusieurs des législateurs d'alors trouvent actuellement qu'elle pourrait se passer. S'agit-il d'un livre ? Il faut distinguer. S'il a plu à l'auteur de ne point se faire connaître et d'écrire sous le voile de l'anonyme, chose permise aux plus honnêtes gens à la seule condition qu'ils s'adressent non à quelqu'un mais à tout le monde ; ou bien si cet auteur, se sentant coupable, se dérobe à l'action de la justice ; ou bien encore s'il est insolvable et n'a pas de quoi payer l'amende à laquelle on l'aura condamné, dans ces divers cas, comme il faut bien que la responsabilité et ses conséquences retombent sur une personnalité saisissable, nous admettons que l'éditeur du livre et, à défaut d'éditeur, l'imprimeur puisse être poursuivi. C'est à eux qu'il appartenait de se mettre en règle et de prendre leurs précautions pour que leur responsabilité fût couverte par une autre : la justice ne devant jamais en être réduite à s'agiter dans le vide, il est naturel, si elle ne trouve personne, qu'elle puisse s'adresser à celui qui aura prêté l'instrument matériel du délit. Mais c'est seulement à défaut de tout autre, que celui-ci doit être recherché. C'est ignorer la manière dont les choses se passent, ou plutôt c'est méconnaître sciemment les conditions mêmes de la liberté d'écrire, que d'invoquer, comme on l'a fait souvent, le principe de la complicité, pour englober, en tout état de cause, les imprimeurs dans la pour-

suite..A ceux qui, comme nous, ne font autre chose que
réclamer le droit commun pour la presse, on objecte
que nous sortons de notre programme, et qu'en réalité
nous demandons un privilége aussi souvent que nous
voulons affranchir de complicité l'industriel qui, par le
fait, a concouru à la publicité de l'écrit coupable, et par
conséquent au délit. Puisque l'homme qui a tenu
l'échelle du voleur est complice, pourquoi, nous
dit-on, l'imprimeur ne le serait-il pas, lui qui a
prêté les caractères, fourni le papier et fait fonctionner
l'instrument? Pourquoi? — Par une raison bien
simple : c'est que, comme nous l'avons déjà dit,
mais comme on ne saurait trop le répéter, si vous admet-
tez que l'imprimeur soit un être pensant, lisant, dis-
cutant, s'interposant à raison du risque qu'il court
entre le public et l'auteur, et pouvant, sans aucune
forme de procès, supprimer la pensée de chacun de
nous, en un mot si vous faites de lui autre chose
qu'une machine, c'est la liberté qui devient un leurre ;
c'est le régime de la censure indirectement rétabli ;
c'est le *veto* transporté du roi à l'imprimeur. On condamne celui qui, sachant ce qu'il fait, a tenu l'échelle,
et on a raison; mais, sauf les cas de responsabilité
que nous avons indiqués précédemment, l'imprimeur n'a point tenu l'échelle, il n'a fait que la prêter, et cela sans avoir ni pu ni dû s'enquérir de l'usage

qu'on se proposait d'en faire. Il n'est donc pas exact de
dire que nous demandons une exception en sa faveur ;
mais l'exception existât-elle, et pour mettre l'imprimeur
hors de cause, pour l'affranchir de la solidarité généralement imposée aux complices, fallût-il recourir à une
fiction, celle-ci vaudrait encore mieux que cette autre
en vertu de laquelle, la liberté nous étant promise,
nous n'aurions que le mot sans la chose.

C'est ce qu'a fort bien compris M. Duvergier de
Hauranne, lorsque, dans sa belle *Histoire du Gouvernement parlementaire*, il s'étonne que, de 1819 à 1852,
aucune assemblée ne se soit sérieusement préoccupée
du danger que le régime des brevets d'imprimeurs
fait courir à la liberté de la presse : « C'est un des re-
proches, dit-il, que doivent s'adresser à eux-mêmes
ceux qui, pendant cette longue période de notre histoire, ont pris une part quelconque aux affaires pu-
bliques. »

Cette censure est méritée : elle atteint toutes nos
chambres, toutes nos assemblées, tous nos gouvernements, y compris celui de 1848 (1), qu'on n'accusera
pas cependant d'avoir été d'une trop grande rigidité

---

(1) Nous croyons savoir que, dans un des comités de notre dernière Assemblée Constituante, la question des brevets d'imprimeurs
fut soulevée par un jurisconsulte éminent d'Alsace, l'honorable
M. Ignace Chauffour.

...ur ...presse. Le tort de tous, même aux époques ou ... plus hardiment rompu avec la tradition, est ... cru que, pour protéger la liberté, il suffit de laisser dormir les lois qui l'atteignent. C'est une grande et funeste erreur. La liberté n'est en sûreté que sous les lois qui la garantissent, et encore pas toujours. Parce que la monarchie avait, pendant trente-trois ans, fait un rare usage de la faculté de priver un imprimeur de son brevet, l'opinion publique en était venue, lorsque 1848 éclata, à considérer comme de nulle importance et valeur, comme tombée en désuétude, un article de loi que, par suite de cette disposition des esprits, la République elle-même oublia d'abroger. Ce fut un tort, et si le mot ne devait sembler bizarre, nous dirions que, sur ce point, la République de 1848 s'est montrée trop conservatrice. Qu'elle nous pardonne cette liberté de langage, elle qui, à tant d'égards, a encouru le reproche contraire, et qui parfois l'a mérité.

Tirons de là une moralité, qui n'est point du tout spéciale à notre époque : elle est de tous les pays et de tous les temps.

Le sort des peuples est de passer par des phases diverses : libres aujourd'hui, ils peuvent retomber demain sous le joug. Si en sortir est leur espérance, y rentrer doit être leur leçon. Le moins que la prudence exige des libéraux quand ils sont au pouvoir, c'est qu'ils abolissent soigneusement, dans la législation existante, tout ce qui favorise l'absolutisme, tout ce qui conduit à l'arbitraire ; c'est qu'ils prennent leurs précautions de manière à obliger leurs successeurs à faire des lois nouvelles, aussi souvent que les circonstances redeviendront contraires à la liberté. Trouver ces lois toutes faites est trop commode. Ne laissons jamais à personne de ces facilités-là.

Chère à tous les peuples, la liberté l'est surtout à ceux qui ont joui d'elle, ne l'eussent-ils connue qu'imparfaitement. Si nos erreurs et nos fautes nous ont exposés à la perdre, il faut que le châtiment nous corrige : ramenés un jour aux carrières, faisons ce qu'il faut pour mériter d'en revenir, et que chacun de nous s'efforce d'en rapporter au moins une des pierres qui, à notre édifice libéral, donnera le couronnement promis.

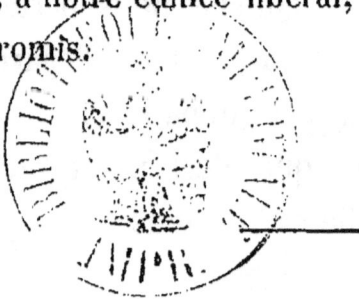

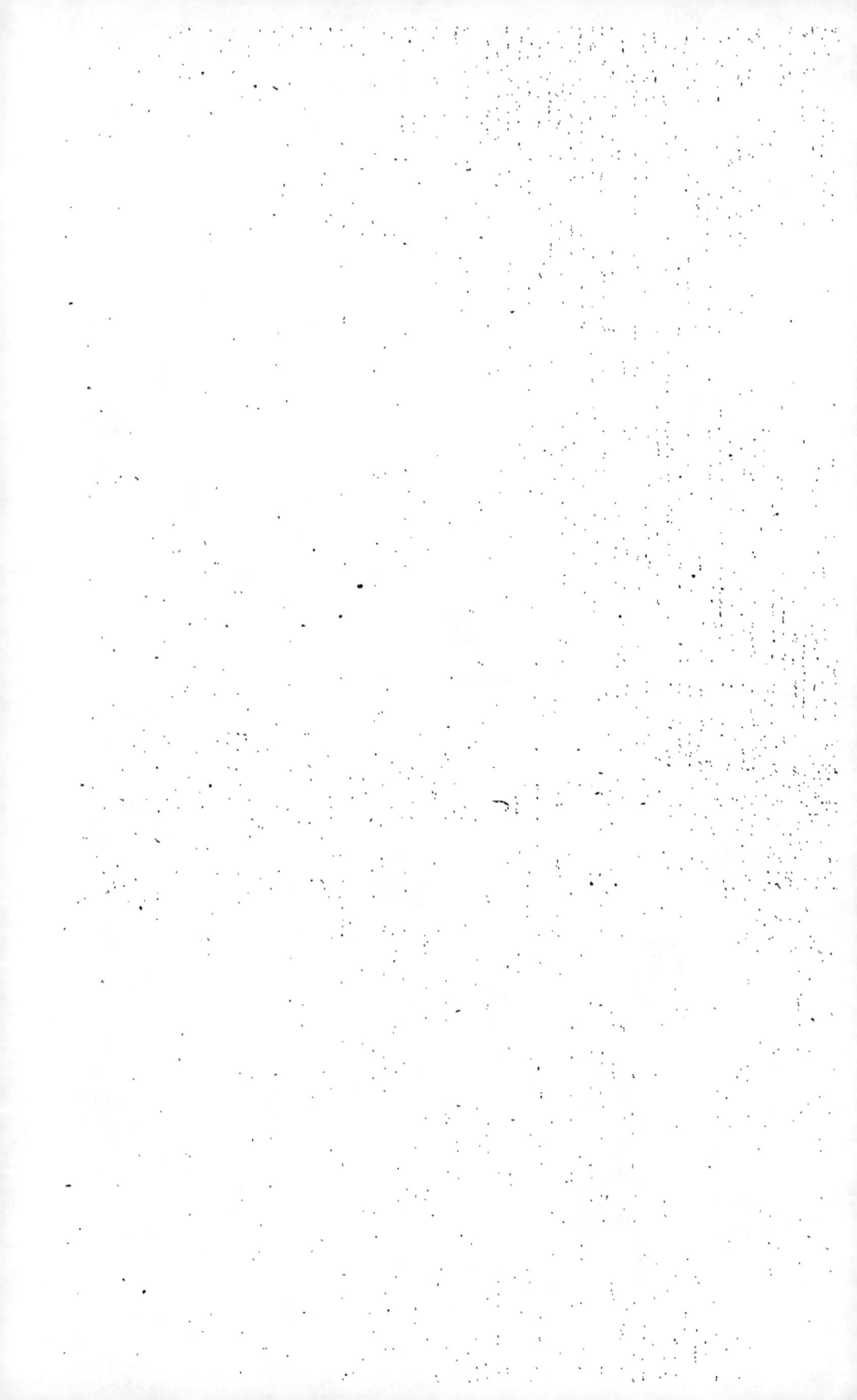

www.ingramcontent.com/pod-product-compliance
Lightning Source LLC
Chambersburg PA
CBHW070915280326
41934CB00008B/1736